펀드매니저 아빠의
첫 투자 수업

17살 딸의 눈높이에서 알려주는
평생 자산 로드맵

펀드매니저 아빠의 첫 투자 수업

황지우, 황호봉 지음

유아이북스

지우(17세, 고등학생)

"투자도 영어처럼 어릴 때 시작하면 더 잘할 수 있을까요?"

2024년 봄, 16세의 나이에 동생과 함께 미국 유학을 결심한 용기 있는 소녀입니다. 한국을 떠나 낯선 땅에서 새로운 도전을 시작한 지우는 영어를 배우듯 투자도 일찍 시작하면 평생의 자산이 될 것이라고 믿습니다.

아빠(47세, 펀드매니저)

"미국이라는 나라의 경제는 그 어떤 나라보다 튼튼하단다."

한국에서 일하지만 주로 미국 주식에 투자하는 전문 펀드매니저입니다. 딸 둘을 모두 미국으로 유학 보낸 것은 단순히 영어 교육을 위해서만이 아니라, 세계 경제의 중심에서 직접 경험하며 배우기를 바라기 때문입니다.

평소 딸과 함께 다니며 일상에서 만나는 물건과 그것을 만드는 회사에 대해 자연스럽게 설명해 주는 실생활 밀착형 교육을 선호합니다. 테슬라, 아마존 같은 기업들을 단순한 투자 대상이 아니라 세상을 바꾸는 혁신의 주체로 바라보도록 가르칩니다.

차례

PART 3 어떻게 투자를 해야 하나?

2024년 봄, 나와 내 동생은 16년 인생의 최대 결심을 했다. 한국을 떠나 미국에서 공부하기로 마음먹은 것이다.

결정의 이유를 하나로 단정할 수는 없지만, 가장 큰 이유 중 하나는 바로 '영어'였다. 아빠가 좋아하는 골프선수 타이거 우즈(Tiger Woods)와 로리 맥길로이(Rory McIlroy)는 5살이 되기 전에 골프를 시작했고, 페이스북(Facebook)을 만든 마크 저커버그(Mark Zuckerberg)는 중학생 때 이미 상당한 코딩 실력을 갖췄다고 한다. 어른이 되면서 실력은 자연히 늘겠지만, 무엇이든 어렸을 때 시작하면 훨씬 더 잘하게 되지 않을까? 특히 '영어'는 결정적인 시기가 있다고들 하니, 16살에 접어든 나는 이미 많은 시간을 다른 곳에 쓴 셈이었다.

유학 온 지 1년쯤 지나자 학교와 수업, 그리고 영어에 익숙해지면서 새로운 관심사가 필요해졌다. 기왕이면 영어처럼 평생의 자산이 될, 다이어트처럼 평생 안고 가야 할 무언가를 준비하고 싶었다. 그러던 어느 날, 애틀랜타(Atlanta)에 사시는 아빠 친구 분의 차를 얻어 타다가 머릿속에 한 가지 기억이 번개처럼 스쳐 지나갔다. 바로 아빠가 입버릇처럼 말씀하시던 테슬라(Tesla)였다.

아빠의 직업은 여러 사람의 돈을 모아 전문적으로 주식이나 채권에 투자하는 '펀드 매니저'다. 한국에서 일하시지만, 주로 미국 주식에 투자한다고 하셨다. 아빠는 종종 나와 함께 다니며 우리가 일상에서 쓰는 물건과 그것을 만드는 회사에 대해 설명해주곤 하셨다. 평소 아빠가 즐겨 이야기하던 아마존(Amazon), 애플(Apple), 넷플릭스(Netflix), 월마트(Walmart) 같은 회사들은 미국에 와서 보니 모든 사람의 삶과 긴밀하게 연결되어 있었다. 왜 아빠가 그 회사들에 투자했는지 어렴풋이 알 수 있었다.

특히 테슬라는 최근에야 널리 알려졌지만, 몇 년 전까지만 해도 한국에서는 생소한 회사였다. 그런데 미국에서 우연히 아빠 친구 분의 테슬라 자동차를 타보고는 놀라움을 금치 못했다. 그리고 아빠에게 그 회사 주식 가격이 얼마나 올랐는지 전해 들었을 때, 나는 큰 충격을 받았다. 내가 10살이던 2018년 초에 1만 달러를 투자했더라면, 지금 그 돈은 20만 달러가 되어 있을 것이라고 했다. 20만 달러면 아껴 쓸 경우 미국 대학 2년 치 학비를 감당할 수 있는 큰돈이다. 20달러 초반이던 주가가 2025년 가을 현재 400달러 수준이니, 무려 2,000% 넘게 상승한 셈이다.

물론 모든 일이 다 그런 것은 아닐 것이다. 하지만 돈을 많이 벌어 성공한다면, 함께 살아가는 더 나은 사회를 위해 의미 있고 좋은 일을 할 수 있을 것이라는 생각이 들었다. 내가 오랫동안 봉사 활동을 했던 남수단 어린이들에게 더 좋은 책을 선물할 수도 있지 않을까? 타이거 우즈나 마크 저커버그처럼, 남들보다 조금 더 일찍 이 재주를 배우고 익힌다면 나는 더 많은 것을 이룰 수 있으리라 생각했다.

아빠는 항상 미국이라는 나라의 '경제'는 그 어떤 나라보다 튼튼하기에, 미국 기업들은 성공할 기회가 많다고 말씀하셨다. 그래서 주가가 오를 가능성이 높고, 투자 역시 성공할 확률이 높다고 하셨다. 지금 와서 생각해보니, 아빠는 나를 바로 그 '기회의 땅' 한복판에 데려다 놓으신 것 같다.

그 바람에 부응이라도 하듯, 시간이 흐르면서 나는 근본적으로 '경제'란 무엇인지 궁금해졌다. 더 나아가 미국 기업에는 어떻게 투자할 수 있는지도 알고 싶어졌다. 결국 대학에서 무엇을 전공하든, '투자'에 대한 공부는 결코 동떨어진 것이 아니라는 생각도 들었다. 그리고 영어처럼, 어렸을 때부터 그 궁금증을 하나씩 해결해 나간다면 분명히 잘할 수 있을 것이라는 결론에 도달했다.

나는 아빠와 함께 이 책을 쓰면서 그 결론을 향한 길을 조금 앞당겨 걸어볼 생각이다.

2025년 10월
지우 씀

PART 1

투자의 세계에
오신 걸 환영합니다

보이지 않는 손이
움직이는 거대한 세상

"시장 분위기가 너무 부정적입니다."

책을 쓰기로 결심한 며칠 뒤, 아빠가 TV 경제 프로그램에 출연하셔서 하신 말씀이다. '시장'이라는 말을 듣는 순간, 내 머릿속에는 주말에 엄마 손을 잡고 장을 보던 동네 마트나 친구들과 아이쇼핑을 즐기던 쇼핑몰이 떠올랐다. 활기 넘치고 시끌벅적한 그곳과 '부정적'이라는 단어는 어쩐지 어울리지 않았다.

지금 내게 '시장'이란 주말에 이따금씩 가는 조지아몰(Mall of Georgia) 혹은 학교에서 멀지 않은 월마트(Walmart)다. 그럼에도 아빠는 항상 '시장'이라는 단어를 투자와 함께, 그리고 '경제'라는 단어와도 함께 사용하신다.

"아빠, 방금 TV에서 '시장'이 안 좋다고 하셨잖아요. 제가 아는 시장은 시끌벅적하고 재미있는 곳인데, 아빠가 말씀하시는 시장은 다른 건가요?"

　내 질문에 거실에서 신문을 보시던 아빠가 안경을 살짝 내리며 웃으셨다.

　"우리 딸이 생각하는 시장도 물론 맞지. 하지만 아빠가 말하는 시장은 조금 더 큰 개념이란다. 경제학에서 말하는 '시장'은 무언가를 사고 싶어 하는 사람과 그것을 팔려는 사람이 만나는 모든 상황이나 공간을 의미해. 바로 '수요'와 '공급'이 만나는 곳이지. 예를 들어, 네가 좋아하는 가수의 한정판 앨범을 사고 싶어 하는 마음이 '수요'이고, 그 앨범을 제작해서 파는 회사가 '공급'이라면, 그 둘이 만나는 음반 가게나 온라인 쇼핑몰이 전부 '시장'이 되는 거란다."

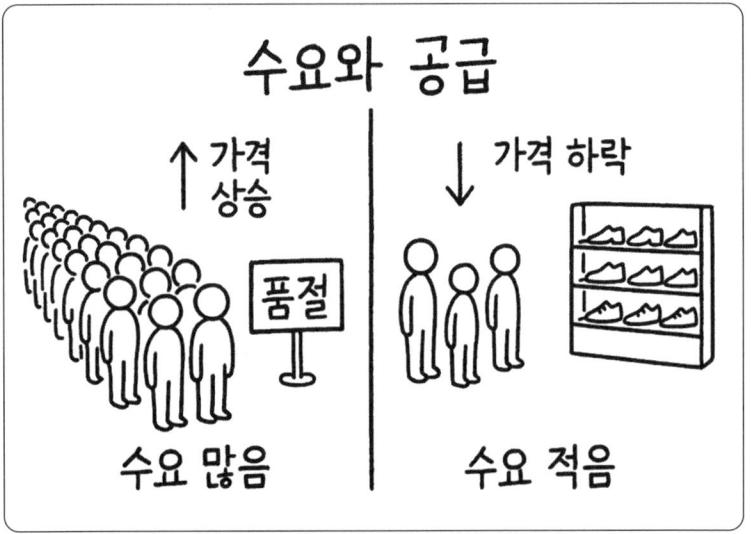

위키피디아(Wikipedia)에 따르면 시장은 "수요와 공급에 따라 당사자들이 거래에 참여하는 시스템(system in which parties engage in transactions according to supply and demand)"이다. 결국 누군가 무엇을 사려 하고, 또 다른 누군가는 무엇을 팔려 하는 의사가 만나는 공동의 공간, 그것이 바로 시장인 것 같다.

"수요와 공급이요? 들어본 것 같긴 한데……. 그럼 월마트에서 제가 좋아하는 과자를 사는 것도 수요와 공급이 만나는 시장이고, 아빠가 회사에서 하시는 주식 거래도 시장인가요?"

"바로 그거야! 월마트는 물건을 파는 회사(공급)와 그것을 사려는 우리(수요)가 만나는 곳이니 훌륭한 시장이지. 그리고 주식 시장은 '회사의 소유권 일부'를 나타내는 주식을 팔려는 사람(공급)과 사려는 사람(수요)이 만나는 곳이고. 이처럼 눈에 보이는 장소뿐만 아니라, 주식 거래처럼 눈에 보이지 않는 것들이 오가는 모든 시스템을 '시장'이라고 부른단다."

"음……. 그럼 시장이라는 건 결국 물건의 값, 즉 '가격'이 정해지는 곳이겠네요?"

"그렇지! 시장의 가장 중요한 역할 중 하나가 바로 '가격 결정' 기능이야. 수많은 사람이 각자 생각하는 가치를 기준으로 물건을 사려고 하고, 또 팔려고 하지. 이 수많은 생각들이 서로 부딪히면서 '아, 이 물건은 이 정도 가격이 적당하겠다' 하는 사회적 약속, 즉 가격이 만들어지는 거란다. 마치 보이지 않는 거대한 저울과도 같아."

아빠는 더 자세히 설명해주셨다.

"예를 들어, 네가 좋아하는 아이스크림을 생각해보자. 여름에 날씨가 너무 더우면 아이스크림을 먹고 싶어 하는 사람(수요)이 많아지겠지? 그런데 공장에서 하루에 만들 수 있는 아이스크림의 양(공급)은 정해져 있어. 사려는 사람은 넘쳐나는데 팔 수 있는 물건은 한정되어 있으면 어떻게 될까?"

"가격이 올라가겠네요! 더 비싼 값을 치르더라도 사려는 사람들이 있을 테니까요."

"맞아. 반대로 추운 겨울에는 아이스크림을 찾는 사람이 줄어들겠지? 그럼 남은 아이스크림을 팔기 위해 가격을 내리거나 할인 행사를 할 거야. 이렇게 수요와 공급의 힘겨루기에 따라 가격이 자연스럽게 정해지는 거란다. 이 원리는 아이스크림뿐만 아니라 집값, 주식 가격, 심지어 우리가 받는 용돈에도 비슷하게 적용된단다."

"용돈도요?"

"그럼. 네가 집안일을 더 많이 도와줘서 엄마 아빠를 기쁘게 해주면(가치의 공급 증가) 용돈을 더 올려주고 싶은 마음이 생기지 않겠니? 하하."

 **수요와 공급(Supply and Demand)**

수요는 사람들이 어떤 물건이나 서비스를 '사고 싶어 하는 마음'의

총합을, 공급은 '팔고 싶어 하는 마음'의 총합을 뜻해요. 시장에서는 이 두 가지 힘이 만나 가격이 결정됩니다. 사려는 사람이 많아지면(수요 증가) 가격이 오르고, 팔려는 사람이 많아지면(공급 증가) 가격이 내려가는 아주 기본적인 경제 원리랍니다. 이 원리는 주식 가격부터 아파트값, 심지어 우리가 먹는 아이스크림 가격까지 모든 것에 영향을 미친답니다.

하지만 내 머릿속에는 여전히 풀리지 않는 의문이 남아 있었다. 월마트나 쇼핑몰에는 주인이 있고 그곳을 관리하는 사람들이 있다. 그런데 아빠가 말씀하시는 '시장'은 눈에 보이지도 않고, 특정 주인도 없는 것 같았다.

"아빠, 그럼 그 거대한 시장의 주인은 누구예요? 월마트는 월마트라는 회사가 주인인데, 주식 시장은 누가 관리해요? 보이지도 않는 걸 어떻게 공부해야 할지 막막해요."

내 질문에 아빠는 미소를 지으시며 사진 한 장을 보여주셨다. 사진 속에는 수많은 사람들이 모니터 앞에서 분주하게 움직이는 뉴욕 증권거래소(New York Stock Exchange)의 풍경이 담겨 있었다. 2022년과 2025년 봄, 가족 여행으로 갔을 때 건물 앞에서 사진만 찍었던 바로 그곳, 월스트리트(Wall Street) 안쪽에 있는 바로 그 건물이었다.

"여기가 바로 아빠가 말한 '시장'의 모습 중 하나란다. 예전에는 저곳에 있는 사람들이 직접 만나 종이로 된 주식을 거래했지만, 지금은 대부분 컴퓨터 시스템을 통해 모든 거래가 이루어져. 우리가 스마트폰 앱으로 '애플(Apple) 주식 10주 사주세요' 하고 주문을 넣으면, 그 주문이 곧장 저런 거래소로 전달돼서 '애플 주식 10주 팔게요' 하는 사람을 순식간에 찾아 짝을 맺어주는 거란다. 수많은 사람의 '사자'와 '팔자'는 목소리가 한데 모여 거대한 '시장'의 흐름을 만들어내는 곳이지."

아빠의 설명은 이랬다. 과거에는 종이로 된 주식을 주고받기도 했지만, 컴퓨터가 등장하면서 모든 거래가 전산화되었다는 것이다. 우리가 은행 앱으로 송금하거나 신용카드를 쓰는 것처럼, 스마트폰 앱으로 주식 거래 주문을 하면 그 최종 거래가 바로 저 '거래소'라는 곳에서 이루어진다. 누군가 애플 주식을 사려고 하면, 다른 누군가는 팔려고 할 것이다. 그 둘을 연결해주고, 시장의 움직임을 눈에 보이게 만들어주는 곳이 바로 거래소였다.

"그럼 거래소가 시장의 주인인가요?"

"거래소는 시장의 '주인'이라기보다 '관리자'라고 보는 게 더 정확해. 축구 경기에서 심판이 규칙에 따라 경기를 운영하는 것처럼, 거래소는 주식 거래의 규칙을 만들고 모두가 공정하게 거래할 수 있도록 시스템을 관리하는 역할을 해. 하지만 심판이 경기의 승패를 결정하지 않듯, 거래소 역시 주식의 가격을 정하거나 누가 사고팔지를 결정하지는 않아. 그건 오로지 시장에 참여하는 수많은 사람의 결정에 달려 있단다."

"신기하네요. 그럼 전 세계의 수많은 사람들이 동시에 주식을 사고팔고 있는 건가요?"

"맞아. 뉴욕 증권거래소가 문을 여는 시간에는 전 세계 수백만 명의 사람이 동시에 주식을 사고팔고 있어. 한국에서도, 일본에서도, 유럽에서도 말이야. 그래서 주식 가격이 1초가 다르게 계속 변하는 거란다. 마치 전 세계인을 대상으로 하는 거대한 온라인 경매장과 비슷하다고 생각하면 쉬울 거야."

미래를 위한 현재의 투자

"아빠, 그럼 '투자'는 정확히 뭐예요? 친구들이 투자 얘기를 할 때마다 뭔가 어려워 보이고 위험하게만 들려요."

며칠 후 저녁 식사 시간, 나는 학교에서 친구들이 부모님의 투자에 대해 이야기를 하는 것을 듣고 더욱 커진 궁금증을 참지 못하고 아빠에게 물었다.

"아주 좋은 질문이야. '투자'를 한마디로 정의하면 '미래의 더 큰 이익을 위해 현재의 돈이나 시간을 사용하는 모든 행위'라고 할 수 있어. 세계적인 경제 정보 사이트인 인베스토피디아 (Investopedia)에서도 '미래에 더 큰 수익을 얻기 위해 현재의 자원을 투입하는 것'이라고 정의한단다."

"그럼 제가 지금 공부하는 것도 '투자'인가요?"

"바로 그거야! 네가 지금 수학 문제를 푸는 건 미래에 좋은 대학에 가고, 원하는 직업을 얻기 위한 거잖니. 현재의 시간과 노력을 들여 미래의 더 나은 삶을 얻으려는 것, 그것이야말로 가장 훌륭한 투자 중 하나지."

아빠는 '투자'라는 단어의 한자 뜻도 덧붙여 설명해주셨다.

"한국어로 '투자(投資)'는 '던질 투(投)' 자와 '재물 자(資)' 자로 이루어져 있어. 글자 그대로 풀면 '재물을 던진다'는 뜻이지. 하지만 진짜 투자는 아무 곳에나 무작정 던지는 게 아니라, 신중한 분석과 계획을 바탕으로 미래의 가치를 발견하고 그곳에 자원을 보내는, 아주 지혜로운 행위란다."

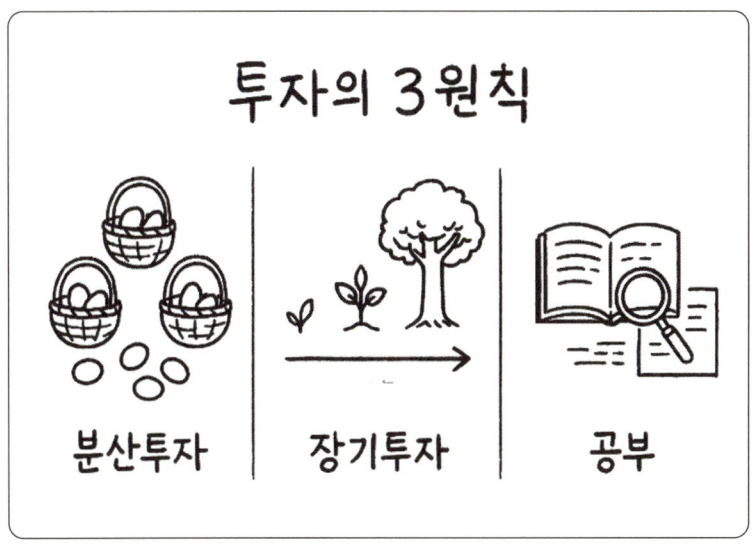

"그럼 신중한 분석과 계획은 어떻게 하는 거예요? 투자를 할 때 가장 중요한 건 뭐예요?"

"나중에 더 자세히 이야기하겠지만, 아빠는 딱 세 가지만 기억하면 된다고 생각해. 첫 번째는 '분산투자'야. '계란을 한 바구니에 담지 말라'는 유명한 격언이 있지? 만약 계란이 가득 담긴 바구니를 하나만 들고 가다가 넘어지면 모든 계란이 깨져 버릴 거야. 하지만 여러 바구니에 계란을 나눠 담았다면, 하나를 떨어뜨려도 나머지는 안전하겠지? 투자도 마찬가지로 여러 곳에 자산을 나누어 두는 것이 위험을 줄이는 지혜이지."

"두 번째는 '장기투자'야. 주식 가격은 매일같이 파도처럼 오르내리지만, 좋은 기업의 가치는 마치 어린 묘목이 자라 큰 나무가 되듯 시간을 두고 꾸준히 성장하는 경우가 많아. 하루하루의 변화에 흔들리기보다, 훌륭한 기업과 오랜 시간 동행하겠다는 마음으로 끈기 있게 기다리는 것이 중요해."

"마지막 세 번째는, 그리고 가장 중요한 것은 바로 '공부'야. 내가 돈을 맡길 회사가 어떤 물건을 만드는지, 앞으로 얼마나 더 성장할 수 있을지, 경쟁자는 누구인지 등을 꼼꼼히 알아보는 거지. 시험을 잘 보려면 열심히 공부해야 하는 것처럼, 투자라는 시험에서도 좋은 성적을 거두려면 그 기업에 대해 끊임없이 배우고 이해하려는 노력이 반드시 필요하단다."

🔍 투자(Investment) 및 위험과 수익(Risk and Return)

투자는 미래의 이익(수익)을 위해 현재의 자원을 투입하는 모든 활동을 의미해요. 이때 미래는 불확실하기 때문에 원금을 잃을 가능성, 즉 위험(Risk)이 항상 존재합니다. 일반적으로 사람들은 더 큰 위험을 감수할 때 더 높은 수익(Return)을 기대하는데, 이를 '위험과 수익의 상충관계'라고 부릅니다.

주식, 회사의 주인이 되는 투자

주식이 뭐예요?

"아빠, '주식'이 정확히 뭐예요? 사실 감이 잘 안 잡혀요. 친구들이 자꾸 주식 얘기를 하는데, 저는 잘 모르겠더라고요."

"주식 이야기를 하면 어렵게 들리지만, 아주 간단한 비유로 설명할 수 있단다. 주식을 가장 쉽게 이해하는 방법은, 우리가 함께 회사를 차린다고 상상해보는 거야."

아빠는 이어서 말씀하셨다.

"예를 들어, 우리 딸 이름이 '지우'니까, '지우 쿠키'라는 세상에서 가장 맛있는 쿠키 가게를 함께 차린다고 해보자. 가게를 열려면 돈이 필요하겠지? 맛있는 쿠키를 구울 오븐도 사야 하고, 신선한 초콜릿 칩과 밀가루 같은 재료도 사야 하고, 예쁜 가게를 빌리는

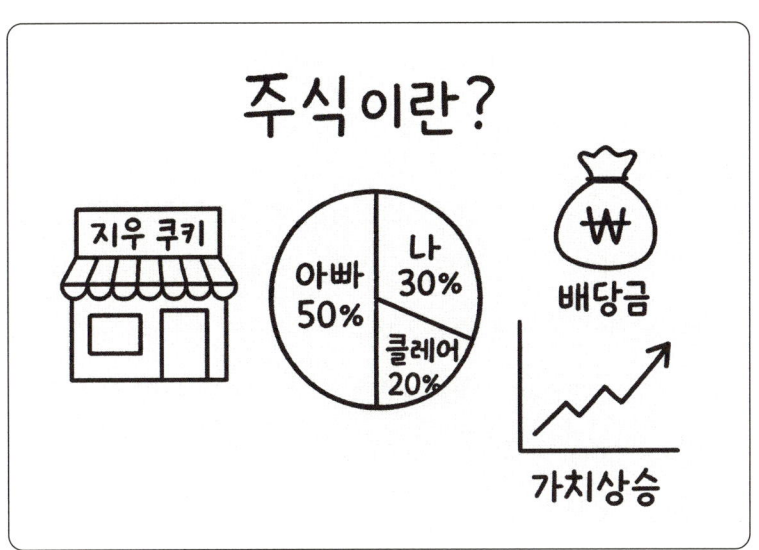

데도 돈이 들 거야."

"네, 당연히 필요하죠."

"그런데 우리 둘의 돈만으로는 부족해서 동생 클레어(Clare)에게 도움을 요청했다고 해보자. 가게를 여는 데 총 100만 원이 필요한데, 아빠가 50만 원, 네가 30만 원, 그리고 클레어가 20만 원을 냈어. 그럼 이 '지우 쿠키'의 주인은 누구일까?"

"음……. 돈을 낸 비율대로 주인이 되는 건가요?"

"그렇지! 아빠가 50%, 너는 30%, 클레어는 20%의 지분을 가진 공동 주인이 되는 거야. 이때, 회사의 소유권을 잘게 나눠놓은 증표를 바로 '주식'이라고 한단다. 만약 우리가 '지우 쿠키'의 주식을 총 100장 발행했다면, 아빠는 50주, 너는 30주, 클레어는 20주를 갖게 되는 거지."

"그럼 주식을 가지면 뭐가 좋아요?"

"크게 세 가지 좋은 점이 있어. 첫째, 회사가 열심히 일해서 번 돈, 즉 이익의 일부를 '배당금'으로 받을 수 있어. 둘째, '다음엔 민 트초코 쿠키를 만들자!'와 같이 회사의 중요한 결정에 참여할 권 리, 즉 '의결권'이 생겨. 그리고 셋째, 이게 가장 중요할 수 있는데, 회사가 성장해서 가치가 높아지면 내가 가진 주식의 가치도 함께 올라가지."

아빠는 더 구체적인 예를 들어주셨다.

"만약 우리 '지우 쿠키'가 1년 동안 정말 유명해져서 회사 전체 의 가치가 200만 원이 되었다고 해보자. 그럼 네가 가진 30%의 지 분 가치는 원래 30만 원에서 60만 원으로 2배가 되는 거야. 물론 반대로 가게가 잘 안 되면 주식의 가치가 떨어질 수도 있는 거고."

워런 버핏의 투자 철학

"그럼 회사의 미래를 내다보는 능력이 정말 중요하겠네요. 평소 에 아빠가 말씀해주신 워런 버핏 할아버지가 바로 그런 분인가요? 아빠가 자주 말씀하시는 그분은 어떤 분이에요?"

"워런 버핏(Warren Buffett)은 세계에서 가장 성공한 투자자로 꼽히는 분이야. 이제 은퇴를 하시기로 결정하셨지만, 연세가 아흔 이 넘으셨는데도 지금까지 활발하게 투자를 해오셨어. 그분의 유명한 별명이 '오마하의 현인'인데, '오마하(Omaha)'는 미국 네브래스카주에 있는 작은 도시 이름이야. 그분은 평생을 그곳에서 살면서, 오직 투자만으로 엄청난 부를 이뤘단다."

"어떻게 그렇게 크게 성공하셨어요?"

"버핏 할아버지의 투자 원칙은 의외로 간단해. '훌륭한 기업의 주식을 합리적인 가격에 사서 오래도록 보유하라'는 것이지. 그분은 열한 살이라는 아주 어린 나이에 투자를 시작해서, 지금까지 80년 넘게 그 원칙을 지키고 계셔."

아빠는 버핏 할아버지의 구체적인 투자 사례도 들려주셨다.

"예를 들어, 코카콜라(Coca-Cola) 주식을 30년 넘게 보유하고 계시고, 아메리칸 익스프레스(American Express)도 거의 30년 가까이 가지고 계시지. 한번 좋은 회사라고 믿음이 생기면, 아주 오랫동안 함께하는 거야."

"그렇게 오래 가지고 있는 특별한 이유가 있나요?"

"바로 '복리의 마법' 때문이야. 놀랍게도 버핏 할아버지 재산의 99%는 65세 이후에 불어난 거라고 해. 젊을 때부터 꾸준히 투자했지만, 정말 눈덩이처럼 자산이 커진 건 복리의 힘이 오랜 시간 쌓인 덕분이지."

"복리가 뭐예요?"

"이자에 또 이자가 붙어서 돈이 스스로 몸집을 불려 나가는

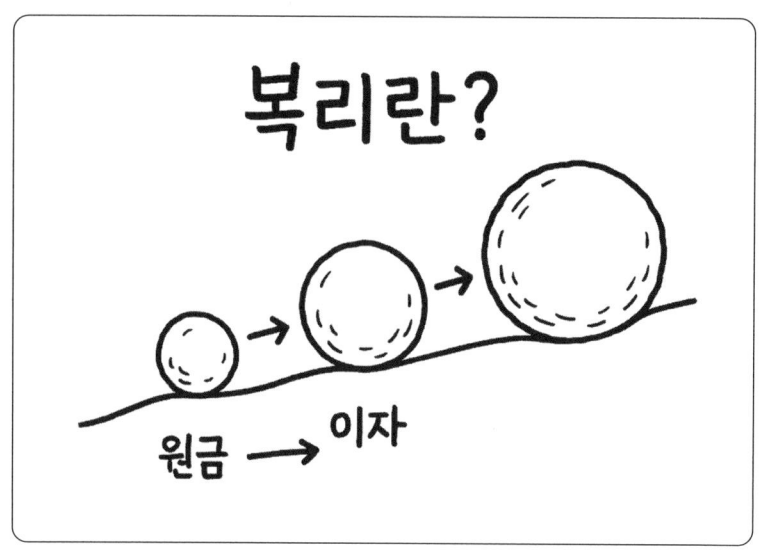

걸 말해. 예를 들어, 네가 100만 원으로 연 10%의 수익을 내는 쿠키 가게에 투자했다고 해보자. 1년 뒤에는 원금 100만 원에 이익 10만 원이 더해져 110만 원이 되겠지? 그다음 해에는 100만 원이 아닌, 110만 원 전체에 대해 10%의 이익이 붙어 121만 원이 되는 거야. 이렇게 원금과 이자가 함께 계속 돈을 버는 것이 바로 복리란다. 마치 작은 눈 뭉치를 언덕 위에서 굴리면 점점 거대해지는 것과 같아."

"시간이 바로 복리의 마법을 부리는 가장 중요한 재료거든. 그래서 너처럼 젊을 때부터 투자를 시작하는 게 무엇보다 유리한 거란다. 워런 버핏 할아버지도 열한 살 때 투자를 처음 시작하셨지."

아빠는 덧붙여 설명하셨다.

"버핏 할아버지는 '배당'이라는 것도 무척 중요하게 생각하셨어."

"배당이요? '지우 쿠기'의 이익을 나눠 갖는 게 배당이 맞죠?"

"맞아. '배당'이란 회사가 벌어들인 이익의 일부를 주인인 주주들에게 '고맙습니다' 하고 나눠주는 보너스 같은 거야. 버핏 할아버지는 이런 유명한 말을 남겼어. '만약 회사가 1달러를 가지고 1달러 이상의 가치를 만들어낼 자신이 있다면 그 돈으로 사업에 다시 투자를 해야 하고, 그럴 자신이 없다면 주주들에게 배당으로 돌려주는 것이 맞다'고 말이야. 즉, 돈을 더 잘 불릴 자신이 없다면 주주에게 돌려주라는 뜻이지."

아빠는 신문 기사를 보여주셨다.

"월스트리트 저널(The Wall Street Journal, WSJ)의 분석에 따르면, 버핏 할아버지가 이끄는 버크셔 해서웨이(Berkshire Hathaway)라는 회사는 지난해 다른 회사에 투자해 가지고 있던 주식들로부터 무려 57억 달러에서 60억 달러에 달하는 돈을 '배당금'으로 받았다고 해."

아빠의 말씀을 듣고 나니 정말 흥미로웠다. 회사가 성장해서 주식 가치가 오르는 것뿐만 아니라, 가만히 있어도 회사가 번 돈을 나눠준다니. '배당'이라는 것이 마치 잘 가꾼 나무에서 해마다 열리는 달콤한 과일처럼 느껴졌다.

🔍 가치투자와 복리의 마법

가치투자는 회사의 실제 가치보다 주가가 낮을 때 사서 오랫동안 보유하는 투자 방법이에요. 워런 버핏이 대표적인 가치투자자죠. 복리는 이자에 이자가 붙는 현상으로, 시간이 지날수록 그 효과가 기하급수적으로 커집니다. 예를 들어, 연 10% 수익률로 100만 원을 투자하면 10년 후 약 259만 원, 20년 후 약 673만 원이 됩니다. 아인슈타인이 '인류 최대의 발명'이라고 했을 정도로 복리의 힘은 강력해요.

보통주와 우선주

"아빠, 주식에도 종류가 있다고 들었는데, 정말인가요?"

"맞아. 아주 중요한 질문이야. 주식은 크게 '보통주'와 '우선주'로 나눌 수 있단다. 우리가 지금까지 이야기했던, 일반적으로 사고파는 주식은 대부분 '보통주'야."

"보통주와 우선주는 뭐가 다른데요?"

"다시 '지우 쿠키' 가게로 돌아가 보자. 보통주를 가진 주주들은 가게의 진짜 주인들이야. 그래서 '다음 달 신제품으로 치즈 쿠키를 만들자!'처럼 가게의 중요한 결정에 투표할 수 있는 권리(의결권)가 있지. 가게가 대박이 나면 그 이익을 나눠 갖기도 하고."

"그럼 우선주는요?"

"일반적으로 우선주를 가진 주주들은 가게 운영에는 직접 참여하지 않아. 대신, 가게가 돈을 벌어서 주주들에게 이익을 나눠줄 때, 보통주 주주들보다 먼저, 그리고 약속된 만큼의 이익(배당)을 받아갈 권리가 있어. 말 그대로 '우선적으로' 배당을 받는 거지. 하지만 가게 운영에 대한 투표권은 없거나 아주 제한적이란다."

"어떤 게 더 좋은 거예요?"

"어느 한쪽이 무조건 더 좋다고 말하기는 어려워. 각각 장단점이 있거든. 안정적으로 배당 수익을 얻고 싶다면 우선주가 매력적일 수 있고, 회사의 성장에 적극적으로 참여하고 주가 상승으로 더 큰 이익을 얻고 싶다면 보통주가 더 나은 선택이 될 수 있지. 그래서 대부분의 개인 투자자들은 기업의 성장 가능성을 보고 보통주에 투자하는 경우가 많단다."

주주의 권리와 책임

"보통주 주주가 되면 주주총회에서 투표하는 것 말고 또 다른 권리는 없어요?"

"물론 있지! 회사의 주인인데 당연히 여러 권리가 따르지."

"워런 버핏 할아버지의 회사인 버크셔 해서웨이 보통주 1주를 사면 어떤 일을 할 수 있어요?"

아빠는 이렇게 대답하셨다.

"1주만으로는 할 수 있는 일이 많지는 않아. 물론 주주총회에 참석하고 주주로서 의견을 발표할 수도 있지만, 회사 운영에 영향력을 행사하기 위해서는 많은 주식 수가 필요하지. 그래도 주주로서 가질 수 있는 기본적인 권리들이 있단다."

"어떤 권리들이요?"

"크게 6가지 정도가 되는데, 우선 가장 중요한 건 투표권, 즉 의결권이야. 우리 '지우 쿠키'가 다른 빵집을 인수할지, 아니면 새로운 종류의 케이크를 팔기 시작하기와 같은 큰 결정에 참여할 수 있어. 주주들이 회사의 방향키를 쥐고 있는 셈이야. 또 회사의 이사를 선출하는 것도 주주들의 몫이야. 이사들은 주주들을 대표해서 경영진을 감시하고 중요한 결정을 내리는 역할을 하거든."

"그럼 회사가 다른 회사를 사거나 합치는 것도 주주들이 결정하는 거예요?"

"맞아. 기업 인수합병(M&A) 같은 중요한 변화는 반드시 주주총회에서 투표로 결정해. 회사의 경영진은 주주들을 대표하는 이사회에 중요한 결정에 대한 의견을 받고 동의도 받아야 하거든. 정말 중요한 결정들은 주주들 모두에게 물어보는 주주총회에서 결정되니까, 주주의 역할이 정말 중요한 거야."

"그 다음으로는 회사 소유권이 있어. 내가 가진 주식의 비율만큼 '지우 쿠키'는 내 회사가 되는 거야. 회사가 성장해서 가치가 100만 원에서 200만 원으로 오르면, 내 주식의 가치도 똑같이 2배로 오르는 거지. 이게 바로 주식 투자의 가장 큰 매력이야."

"세 번째로는 소유권 이전의 권리가 있단다. 내 주식을 다른 사람에게 자유롭게 팔 수 있는 권리야. 만약 우리 회사가 '상장'했다면 증권 시장에서 쉽게 팔 수 있겠지만, 상장하지 않았다면 내 주식을 사줄 사람을 직접 찾아야 해서 조금 번거로울 수 있겠지. 이를 '유동성'이라고 하는데, 상장 주식은 유동성이 높고 비상장 주식은 유동성이 낮다고 해."

"네 번째는 배당받을 권리야. 회사가 돈을 많이 벌면, 그 이익의 일부를 나눠 받을 권리지. 우선주보다는 순서가 뒤지지만, 회사가 성장하면 더 많은 배당을 기대할 수 있어. 배당은 보통 분기별이나 연간으로 지급되는데, 회사의 실적에 따라 배당금이 늘어나거나 줄어들 수도 있단다."

"그럼 회사가 아무리 잘되어도 우선주 주주들이 먼저 받는 거예요?"
"그렇지. 보통주 주주들은 회사의 운영에 참여하고 그만큼 결과도 함께 공유하는 의미가 있으니까."

"다섯 번째로는 회계 장부 열람권이 있어. '지우 쿠키'가 돈을 어디에 얼마나 썼는지 기록한 가계부, 즉 회계 장부를 들여다볼 권리가 회계 장부 열람권이야. 주식 1주 가졌다고 비밀 레시피까지 일일이 보여달라고 할 수는 없고, 보통 일정 비율 이상의 주식을 가진 주주들에게만 허용된단다. 주주는 회사의 주인이니 회사가 돈을 잘 쓰고 있는지 감시할 수 있어야 하니까."

"몇 퍼센트 정도 가져야 해요?"

"한국은 통상 3%인데, 미국은 최소 지분에 대한 요건이 정해져 있지 않은 것으로 알려져 있어. 다만, 주마다 조금씩 달라서 비율을 특정하기는 어려워. 신청의 목적이 더 중요하지. 회사의 회계장부는 일종의 가계부와 같아서, 자료를 볼 수 있는 권한을 제한하고 있다는 의미를 더 생각해보자."

"마지막으로 여섯 번째는 위법 행위에 대한 소송권이야. 만약 아빠가 회사 돈으로 몰래 비싼 자동차를 샀다면? 그건 회사의 주인이자 동업자인 우리 주주 친구들에 대한 배신이지. 이럴 때 주주들은 경영진을 상대로 소송을 제기해서 회사의 이익을 지킬 수 있단다. 이를 '주주대표소송'이라고 해."

"정말요? 그럼 주주들이 경영진을 감시하는 역할도 하는 거네요."

"바로 그거야. 주주는 경영진이 올바르게 경영을 하고 있는지 감시할 수 있으며, 위법한 행위가 적발되면 주주로서 해당 행위를 법적인 판단에 맡길 수 있어. 투자자의 권리와 이익을 적극적으로 보호할 수 있는 거지. 회사도 잘못할 수 있으니까 누군가는 열심히 감시해야 하거든."

"와, 생각보다 주주의 권리가 정말 많고 막강하네요! 그냥 주가가 오르내리는 것만 보는 게 아니었어요."

"그렇지. 진정한 주식 투자는 내가 그 회사의 주인이 된다는 마음으로, 이런 권리와 책임을 이해하는 것에서부터 시작한단다."

"그런데 아빠, 주식 1주만 가지고 있어도 정말 주주총회에 참석할 수 있어요?"

"물론이야. 법적으로는 1주만 가져도 주주총회에 참석할 권리가 있어. 하지만 실제로는 주주총회에 참석하는 개인 투자자는 많지 않아. 대부분 위임장을 통해 경영진이나 다른 주주에게 의결권을 맡기는 경우가 많지. 그래도 관심이 있다면 직접 참석해서 경영진에게 질문을 할 수도 있어. 특히 버크셔 해서웨이 같은 회사의 주주총회는 '투자자들의 축제'라고 불릴 정도로 유명해."

어떻게 사고 팔까? – 상장, 가격 그리고 지수

"주식은 어떻게 사고팔아요? 그리고 가격은 누가 정하는 거예요?"

"그 답을 알려면 먼저 '상장'이라는 개념부터 이해해야 해. 세상 모든 회사의 주식을 우리가 마음대로 살 수 있는 건 아니거든."

아빠는 우리가 자주 가는 생활용품점 다이소를 예로 들어 설명해주셨다.

"다이소(Daiso) 알지? 예전에 일본에서 '100엔숍'으로 유명했지만, 지금은 다양한 가격대의 물건을 파는 곳 말이야. 다이소는 전 세계에 수천 개 매장을 둔 아주 큰 회사지만, 우리는 다이소의 주식을 살 수 없어. 왜냐하면 증권 시장에 '상장'하지 않은 '비상장 기업'이기 때문이지."

"상장이 뭐예요?"

"'상장'이란, 회사가 정해진 규칙을 통과해서 증권거래소에 이름을 올리고, 누구나 그 회사 주식을 사고팔 수 있도록 공개하는 것을 말해. 우리 '지우 쿠키'가 처음엔 아는 사람들에게만 쿠키를 팔다가, 더 큰 가게를 내고 정식으로 간판을 걸어 세상 모든 사람에게 쿠키를 팔기 시작하는 것과 비슷해. 이렇게 상장을 해야만 우리가 스마트폰 앱으로 쉽게 주식을 거래할 수 있단다."

"다이소는 그렇게 큰 회사인데 왜 상장을 안 해요?"

"여러 가지 이유가 있어. 앞서 언급한 대로 주주의 권리에 따라 수많은 주주에게 경영 정보를 투명하게 공개해야 하고, 때로는 주주들의 간섭을 받을 수도 있거든. 다이소처럼 창업자 가족이 회사를 안정적으로 운영하고 싶을 때는, 굳이 상장을 하지 않는 쪽을 선택하기도 해."

아빠는 다른 예시도 들어주셨다.

"세계적으로 유명한 비상장 회사 중에는 '카길(Cargill)'이라는 기업도 있어. 옥수수나 밀 같은 곡물을 다루는 거대한 회사인데, 1년 매출이 1,000억 달러가 넘는단다. 하지만 150년이 넘는 시간 동안 창업자 가문이 계속 경영해오면서 상장하지 않고 있지."

🔍 기업공개(IPO)와 상장(Listing)

기업공개(IPO, Initial Public Offering)는 비상장 회사가 처음으로 일반 대중에게 주식을 파는 것이에요. 상장(Listing)은 그 주식이 증권거래소에서 거래될 수 있도록 등록하는 과정입니다. 상장하면 누구나 그 회사 주식을 사고팔 수 있지만, 회사는 재무정보를 공개해야 하고 각종 규제를 받게 됩니다. 코인베이스, 도어대시, 서클 같은 유명한 회사들이 IPO를 통해 상장하면서 큰 화제가 되기도 했어요.

"그럼 주식 가격은 어떻게 정해져요?"

"바로 우리가 처음 배운 '수요'와 '공급'의 원리로 정해지지. 그 주식을 사고 싶어 하는 사람이 많으면(수요 증가) 가격이 오르고, 팔고 싶어 하는 사람이 많으면(공급 증가) 가격이 내려가지. 전 세계 수많은 사람이 끊임없이 사고팔기 때문에 가격이 실시간으로 변하는 거란다."

아빠는 예를 들어주셨다.

"만약 애플(Apple)이 세상을 깜짝 놀라게 할 새로운 아이폰을 발표했다는 뉴스가 나오면, 애플 주식을 갖고 싶어 하는 사람이 많아져서 주가가 오를 거야. 반대로 애플에 좋지 않은 소식이 들리면 주가는 떨어지겠지."

"그런데 아빠, 세상에 주식이 너무 많아서 어떤 걸 봐야 할지 하나도 모르겠어요."

"그래서 '주가지수'라는 게 있단다. 시장을 대표하는 회사들의 주가를 모아서 평균을 낸, 일종의 '성적표' 같은 거야. 이 성적표만 보면 지금 시장 전체가 오르는 분위기인지, 내리는 분위기인지 한눈에 알 수 있지. 미국에는 '다우존스', 'S&P 500', '나스닥' 같은 지수가 유명하고, 한국에는 '코스피'와 '코스닥'이 있단다. 지우가 한번 세계 주요 지수들의 특징을 정리해볼래?"

아빠의 제안에 나는 인터넷을 찾아보며 세계 주요 주가지수를 표로 간단히 정리해보았다.

지수명	국가	특징
다우존스	미국	30개 대형 우량주
S&P 500	미국	500개 대형주
나스닥	미국	기술주 중심
코스피	한국	대형주 중심
니케이	일본	225개 대표주
FTSE 100	영국	100개 대형주

"잘했어. 이런 지수들을 보면 전체 시장의 흐름을 파악할 수 있어. 개별 주식 하나하나를 다 볼 수는 없으니까, 대표적인 회사들의 평균을 보는 거지."

채권, 안전한 투자의 대명사

채권이란?

"아빠, 주식 말고 다른 투자처는 없어요? 예전에 학교에서 '채권'이라는 것도 있다고 들었는데, 그게 정확히 뭐예요?"

며칠 후 저녁, 나는 아빠와 또다시 투자에 대한 이야기를 나누었다. 학교 경제 수업에서 선생님이 잠깐 언급하셨지만, 그때는 잘 이해가 되지 않았던 '채권'이 오늘의 주제였다.

"채권을 가장 쉽게 이해하는 방법은 '차용증'이라고 생각하는 거야."

아빠가 예를 들어 설명하셨다.

"만약 네가 친구에게 1만 원을 빌려주면서, '1년 뒤에 이자 1,000원을 더해서 총 1만 1,000원으로 갚을게'라는 약속을 적은 종이를 받는다고 해보자. 그 약속 증서가 바로 채권의 원리와 똑같단다."

"아, 그럼 채권을 산다는 건, 제가 누군가에게 돈을 빌려주는 거네요?"

"그렇게 볼 수 있어. 주식에 투자하면 회사의 주인이 되는 것이고, 채권에 투자하면 회사나 정부에 돈을 빌려주는 채권자가 되는 것이지. 그 대가로 약속된 날짜에 정해진 이자를 꼬박꼬박 받는 거고."

아빠는 더 구체적인 예를 들어주셨다.

"예를 들어, 대한민국 정부가 '10년 후에 원금을 갚고, 매년 3%의 이자를 주겠다'는 조건으로 채권(국채)을 발행했다고 해보자. 네가 그 채권을 100만 원어치 사면, 너는 대한민국 정부에 100만 원을 빌려준 셈이야. 그리고 정부는 약속대로 매년 3만 원씩 이자를 너에게 주고, 10년 후에는 원금 100만 원을 돌려주는 거지."

"그럼 채권이 주식보다 훨씬 안전한 거네요?"

"일반적으로는 그렇지. 특히 나라가 망하지 않는 한 원금과 이자를 갚겠다고 약속하는 '국채'는 세상에서 가장 안전한 투자 자산 중 하나로 꼽힌단다. 회사가 망할 가능성보다는 나라가 망할 가능성이 훨씬 낮으니까. 하지만 그 대가인 수익률은 주식보다 낮은 경우가 많아. '위험이 낮으면 기대수익도 낮다'는 건 투자의 기본 원칙이거든."

금리와 채권 가격의 관계

"그런데 아빠, 뉴스에서 '금리가 올랐다', '미국 연준이 금리를 동결했다' 같은 말을 자주 듣는데, 그게 채권 투자랑 관련이 있는 거예요?"

"아주 밀접한, 사실상 가장 중요한 관련이 있단다. 금리와 채권 가격은 마치 시소처럼 반대로 움직이거든. 금리가 올라가면 채권 가격은 떨어지고, 금리가 내려가면 채권 가격은 올라가지."

"서로 반대로 움직인다고요? 왜요?"

"다시 '지우 쿠키' 가게 이야기로 돌아가 보자. 작년에 우리 가게가 돈이 필요해서, '1만 원을 빌려주면 1년 뒤에 5% 이자를 쳐서 1만 500원을 주겠다'는 조건의 채권(쿠키 채권)을 발행했다고 상상해봐. 네가 그 채권을 샀어."

"네, 샀어요. 연 5%짜리 쿠키 채권이요."

"그런데 올해 갑자기 은행 금리가 10%로 크게 오른 거야. 이제 사람들은 은행에 1만 원만 맡겨도 1년 뒤에 1만 1,000원을 받을 수 있게 됐지. 이런 상황에서 네가 작년에 산 연 5%짜리 '쿠키 채권'을 다른 사람에게 팔려고 내놓으면, 사람들이 사려고 할까?"

"아니요! 은행에 넣으면 10% 이자를 받는데, 제 채권은 5%밖

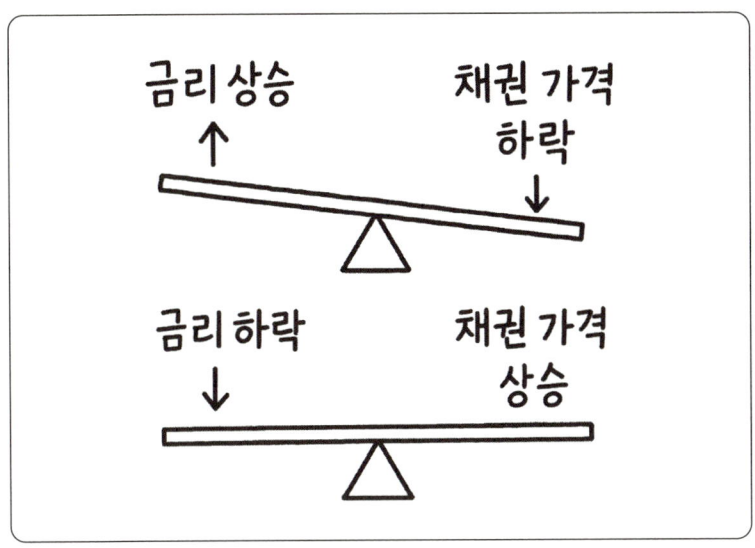

에 안 주니까 아무도 안 사려고 하겠네요."

"바로 그거야. 아무도 그 가격에 사려 하지 않겠지. 그래서 너는 원래 1만 원짜리였던 채권 가격을 낮춰서 팔아야만 해. 예를 들어 '이 채권을 9,500원에 사실래요? 그럼 1년 뒤에 1만 500원을 받으니까, 은행 예금(10%)이랑 수익률이 비슷해져요'라고 말이야. 이렇게 시중 금리가 오르면, 기존에 발행된 낮은 금리의 채권은 인기가 없어져서 가격이 떨어지는 거란다. 반대의 경우도 마찬가지고."

"와……. 이제 확실히 이해됐어요. 금리가 채권 가격에 바로 영향을 주는군요."

"맞아. 그래서 채권에 투자하는 사람들은 항상 금리가 앞으로 어떻게 움직일지 열심히 예측하는 거란다."

"다르게도 설명해볼게. 네가 작년에 '연 3% 이자를 주는 100만 원짜리 채권'을 샀다고 해보자. 그런데 올해 시장 금리가 5%로 껑충 올랐어. 그럼 지금 새로 나오는 채권들은 대부분 연 5%의 이자를 주겠지? 이런 상황에서 네가 가진 연 3%짜리 채권을 다른 사람이 사려고 할까?"

"아무도 안 사려고 할 것 같아요. 더 좋은 5%짜리가 있는데 굳이 제 걸 살 이유가 없잖아요."

"맞아. 그래서 네가 가진 3%짜리 채권을 팔려면, 가격을 깎아줘야만 해. 예를 들어 '원래 100만 원짜리 채권인데, 98만 원에 드릴게요'라고 말하는 거지. 사는 사람 입장에서는 98만 원만 내고 나중에 100만 원을 돌려받으니, 그 차액만큼 추가 이익을 얻게 되잖아. 이렇게 시장의 금리가 오르면, 기존에 발행된 낮은 금리의 채권은 매력이 떨어져 가격이 내려가는 거란다."

"반대로 시장 금리가 1%로 뚝 떨어졌다고 상상해봐. 그러면 연 3%씩이나 이자를 주는 네 채권은 갑자기 '귀한 몸'이 되겠지? 서로 사겠다고 달려들 테니, 너는 원래 가격인 100만 원보다 더 비싼 값에 팔 수도 있게 되는 거야."

아빠는 뉴스에 자주 등장하는 기관에 대해서도 설명해주셨다.

"뉴스에서 '연준'이라는 말을 들어봤니? 미국의 중앙은행인 '연방준비제도(Federal Reserve System, Fed)'를 줄여서 부르는 말이야. 이곳에서는 '연방공개시장위원회(FOMC)'라는 아주 중요한 회의를 통해 전 세계 경제에 영향을 미치는 '기준금리'를 결정한단다. 현재는 제롬 파월(Jerome Powell) 의장이 이끌고 있지."

"왜 그렇게 금리를 올렸다 내렸다 조절하는 거예요?"

"국가 경제 전체를 안정적으로 관리하기 위해서야. 경제가 너무 뜨겁게 달아올라 물가가 급등하면(인플레이션), 금리를 올려서 시중에 풀린 돈을 거둬들이고 경제의 속도를 늦추는 거야. 반대로 경제가 차갑게 식어버리면(경기 침체), 금리를 내려서 기업들이 돈을 빌려 투자를 늘리고 사람들이 소비를 하도록 유도하는 거지. 마치 자동차 운전자가 상황에 맞게 액셀러레이터와 브레이크를 밟으며 속도를 조절하는 것과 똑같단다."

🔍 금리(Interest Rate)와 채권 가격의 관계

금리는 돈의 가치, 즉 이자율을 뜻해요. 금리와 채권 가격은 시소처럼 반대로 움직이는 특징이 있어요. 만약 시장 금리가 5%로 올라갔다고 상상해볼까요? 그런데 내가 가진 채권은 작년에 발행돼서 이자를 3%밖에 안 줘요. 그럼 내 채권은 인기가 떨어지겠죠? 그래서 팔려면 원래 가격보다 싸게 팔아야만 해요. 반대로 시장 금리가 1%로 내려가면, 3% 이자를 주는 내 채권은 '완소 아이템'이 되어 원래 가격보다 비싸게 팔 수 있게 됩니다. 그래서 채권 투자자들은 금리 예측에 매우 민감하답니다.

국채, 회사채 그리고 쓰레기 채권?

"채권은 다 똑같은 거예요?"

"아니, 채권은 '누가 돈을 빌리는지(발행 주체)'와 '얼마나 오랫동안 빌리는지(만기)'에 따라 종류가 아주 다양하단다. 그리고 채권은 '빌린다'고 표현하기보다 '발행한다'고 말하는 게 더 정확한 표현이야."

아빠는 먼저 '발행 주체'에 따라 채권을 설명해주셨다.

"대한민국 정부처럼 나라가 돈이 필요해서 발행하면 '국채', 삼성전자나 우리 '지우 쿠키'처럼 회사가 발행하면 '회사채'라고 불러."

"당연히 나라가 발행한 국채가 더 안전하겠죠? 회사는 망할 수도 있으니까요."

"정답! 그래서 보통 국채는 이자가 낮은 대신 가장 안전한 자산으로 여겨지지. 특히 '미국 국채'는 전 세계에서 가장 안전한 자산으로 인정받아. 반면 회사채는 국채보다 회사가 망할 위험이 조금 더 높기 때문에, 그 위험에 대한 보상으로 이자를 더 많이 준단다. 회사의 재무 상태가 튼튼하고 믿음직스러울수록(신용등급이 높을수록) 이자는 낮아지고, 불안할수록 이자는 높아져. 아주 극단적인 경우, 금방이라도 망할 것 같은 회사가 발행하는 채권은 이자를 어마어마하게 많이 주는데, 이런 채권은 '정크 본드(Junk Bond)', 우리말로 '쓰레기 채권'이라고 부르기도 한단다."

"기간에 따라서도 달라진다고요?"

"응. 보통 1~2년 안에 갚겠다고 약속하면 '단기채권', 10년 이상 길게 빌리면 '장기채권'이라고 해. 상식적으로 생각했을 때, 1년만 돈을 빌려주는 것과 10년 동안 빌려주는 것 중 어느 쪽이 더 불확실하고 위험할까?"

"당연히 10년이요! 1년 뒤는 어느 정도 예측할 수 있지만, 10년 뒤에는 세상이 어떻게 변할지 전혀 모르잖아요."

"바로 그거야. 미래는 예측하기 어렵기 때문에, 돈을 빌려주는 사람은 더 오랜 기간 돈이 묶이는 위험을 감수해야 해. 그래서 보통 장기채권이 단기채권보다 그 위험에 대한 보상으로 이자를 더 많이 준단다. 하지만 기억해야 할 점은, 장기채권은 금리 변화에 훨씬 더 민감하게 반응해서 가격 변동성이 크다는 거야."

🔍 신용등급(Credit Rating)

신용등급은 돈을 빌리는 사람이나 기관이 얼마나 믿을 만한지를 평가한 점수예요. 무디스(Moody's), 스탠더드앤푸어스(S&P), 피치(Fitch) 같은 전문 기관에서 매겨주죠. AAA가 최고 등급이고, D등급은 이미 망한 상태를 의미해요. 신용등급이 높을수록 낮은 이자로 돈을 빌릴 수 있고, 낮을수록 높은 이자를 줘야 해요. 마치 학교 성적표처럼, 투자자들이 채권을 살지 말지 결정할 때 중요한 참고 자료가 됩니다.

"우리나라 국채의 신용등급은 어떻게 돼요?"

"국제 신용평가사들은 나라마다 경제가 얼마나 튼튼한지를 평가해서 성적표를 매기는데, 이게 바로 '국가 신용등급'이야. 대한민국은 현재 'AA' 등급 정도로, 아주 우수한 최상위권에 속한단다. 마치 학교 성적으로 치면 A+를 받는 모범생 같은 거지."

아빠는 등급별로 다른 나라들의 예를 들어주셨다.

"가장 높은 등급은 'AAA'인데, 미국, 독일, 스위스 같은 나라들이 여기에 속해. 경제가 매우 안정적이어서 돈을 떼일 걱정이 거의 없다는 뜻이야. 반면 경제가 어려운 나라들은 'B' 등급이나 그 이하를 받기도 하지. 예를 들어, 그리스가 심각한 경제 위기를 겪었을 때는 신용등급이 'C' 등급 근처까지 떨어지기도 했어. 이건 사실상 '빌려준 돈을 돌려받기 어려울 것 같다'는 경고 신호란다."

"그렇군요."

"오랫동안 세계 최고의 'AAA' 등급을 유지해 온 미국이지만, 2023년 신용평가사 피치(Fitch)는 미국의 국가 부채 문제 등을 이유로 등급을 한 단계 아래인 'AA+'로 낮추기도 했어. 이처럼 국가 신용등급도 영원불변한 것은 아니란다."

"와, 그럼 그리스 국채를 샀던 사람들은 어떻게 됐어요?"

"안타깝게도 많은 투자자들이 큰 손실을 봤지. 그래서 채권 투자도 '100% 안전하다'고는 말할 수 없는 거야. 이 사건은 '나라도 어려움에 처할 수 있다'는 걸 보여준 대표적인 사례였어. 하지만 이런 극단적인 경우는 아주 드물고, 일반적으로 국채는 주식보다 훨씬 안정적인 투자처로 여겨진단다."

상품(원자재),
우리 생활 속 모든 것들

어느 날 아침, 아빠가 커피를 마시며 뉴스를 보고 계셨다. 화면에는 "국제 유가 급등", "금 가격 사상 최고치" 같은 제목들이 흘러나왔다. 나는 문득 궁금해졌다.

"주식이랑 채권 말고 또 다른 투자처도 알려주세요."

"우리가 매일 사용하는 것들, 투자 시장에서 '상품(Commodity)' 이나 '원자재'라고 불리는 곳에도 투자할 수 있단다. 지금 아빠가 마시고 있는 커피, 우리 집 반지의 금, 자동차에 들어가는 기름까지 모든 게 투자 대상이 될 수 있어."

"정말요? 커피에도 투자할 수 있어요?"

"그럼. 브라질에서 커피 농사가 잘 안 되면 전 세계 커피 가격이 오르지. 그럼 미리 커피를 사 둔 사람은 돈을 벌게 되는 거야. 반대로 커피 농사가 풍년이면 가격이 떨어지고. 이런 식으로 원자재 가격의 변화를 이용해서 투자하는 거지."

"제가 마시는 오렌지주스에도 투자할 수 있나요?"

"당연하지. 오렌지 자체보다는 냉동 농축 오렌지 주스로 거래되고 있어. 플로리다에 허리케인이 와서 오렌지 농사를 망치면 전세계 오렌지주스 가격이 오르겠지? 그럼 미리 오렌지 선물(장래의 일정한 시기에 현품을 넘겨준다는 조건으로 매매 계약을 하는 거래 종목)을 사 둔 투자자는 돈을 벌게 되는 거야. 반대로 오렌지가 엄청난 풍년이면 가격이 떨어질 거고. 이렇게 원자재의 가격 변화를 예측해서 투자하는 거란다."

아빠는 상품은 우리가 일상생활에서 사용하는 모든 원자재를 말한다고 하셨다. 크게 네 가지로 나눌 수 있다고 말씀하셨다.

에너지, 세상을 움직이는 힘

"첫 번째 분류는 바로 에너지야. 석유, 천연가스, 석탄 같은 것들이 여기에 속하지. 그중에서도 단연 가장 중요한 건 석유란다. '검은 황금'이라고 불릴 정도로 전 세계 경제를 쥐락펴락할 만큼 영향력이 막강해."

"왜 석유가 그렇게 중요해요?"

"자동차가 달리고, 비행기가 날고, 공장이 돌아가는 거의 모든 산업 활동이 석유를 에너지원으로 사용하기 때문이야. 만약 석유 가격이 오르면 공장 운영비나 운송비가 비싸지고, 결국 우리가 사는 과자나 옷 같은 모든 물건의 가격이 따라서 올라가게 돼. 반대로 유가가 안정되면 경제 전체가 활기를 띠게 되지. 그래서 전 세계 투자자들이 석유 가격을 아주 민감하게 지켜보는 거란다."

"그럼 석유 가격은 누가 정하는 거예요?"

"석유 가격은 기본적으로 시장의 수요와 공급 원리에 따라 결정되지만, 특히 공급 측면에서 막강한 영향력을 행사하는 조직이 있어. 바로 '석유수출국기구(OPEC, 일명 '오펙')'야. 사우디아라비아나 아랍에미리트처럼 석유를 많이 생산하는 나라들의 모임이지. 이들이 '앞으로 석유 생산량을 줄이겠다!'고 발표하면 공급이 줄어들 거란 예상에 유가가 오르고, 반대로 '생산량을 늘리겠다!'고 하면 유가가 내려가는 경향이 있어. 물론 전쟁이나 자연재해 같은 예상치 못한 사건들도 유가를 크게 움직이는 중요한 변수란다."

귀금속, 영원한 가치 저장소

"두 번째는 귀금속이야. 금, 은, 백금 같은 것들이지. 그중에서도 금이 가장 특별해. 수천 년 동안 인류가 가치를 인정해온 '영원한 화폐'거든."

"금이 왜 그렇게 특별해요? 그냥 반짝이는 금속 아닌가요?"

"금은 녹슬지도 않고, 변하지도 않아. 그리고 양이 한정되어 있지. 전 세계에서 지금까지 캐낸 금을 모두 모으면 올림픽 경기 수영장 4개 정도밖에 안 된다고 해. 그래서 경제가 불안할 때마다 사람들이 금으로 몰리는 거야. '안전자산'의 대표주자지."

"그럼 금 가격은 언제 올라요?"
"경제가 어려워지거나, 전쟁이 일어나거나, 인플레이션이 심해질 때 주로 올라. 사람들이 '돈보다는 금이 안전하다'고 생각하게 되거든. 반대로 경제가 좋아지고 주식 시장이 활황일 때는 금 가격이 떨어지는 경우가 많아. 금은 이자를 주지 않으니까, 다른 투자처가 매력적이면 금을 팔고 그쪽으로 돈을 옮기는 거지."

농산물, 우리 식탁의 경제학
"세 번째는 농산물이야. 밀, 쌀, 옥수수, 콩, 설탕, 커피 같은 것들이지. 이런 것들은 우리가 매일 먹는 것들이라 가격 변화를 직접 느낄 수 있어."

"정말 그러네요. 작년에 양파 가격이 엄청 올랐을 때 사람들이 양파 대신 다른 채소를 산다고 했던 기억이 나요."
"바로 그거야. 농산물 가격은 주로 날씨에 영향을 많이 받아.

가뭄이 들거나 홍수가 나면 농작물 생산량이 줄어들어서 가격이 오르지. 반대로 날씨가 좋아서 풍년이 들면 가격이 떨어지고. 또 중국이나 인도 같은 인구 대국에서 소비가 늘어나면 전 세계 농산물 가격이 오르기도 해."

"그런데 농산물에 어떻게 투자해요? 실제로 쌀을 사서 창고에 쌓아둘 수는 없잖아요."

"하하, 물론 실제 쌀을 사는 건 아니야. '선물 계약'이라는 걸 이용해. 예를 들어, '3개월 후에 쌀 1톤을 지금 정한 가격에 사겠다'는 약속을 하는 거지. 만약 3개월 후에 쌀 가격이 오르면 이익을 보고, 떨어지면 손해를 보는 거야. 실제로 쌀을 받을 필요는 없어. 계약만 사고파는 거거든."

산업용 금속, 문명을 만드는 재료들

"네 번째는 산업용 금속이야. 구리, 알루미늄, 철, 니켈 같은 것들이지. 이런 금속들은 건물을 짓고, 자동차를 만들고, 전자제품을 만드는 데 꼭 필요해."

"구리요? 그게 왜 중요해요?"

"구리는 '경제의 체온계'라고 불려. 경제가 좋아지면 건설과 제조업이 활발해지면서 구리 수요가 늘어나거든. 반대로 경제가 나빠지면 구리 수요가 줄어들어서 가격이 떨어져. 그래서 구리 가격을 보면 세계 경제 상황을 어느 정도 짐작할 수 있어. 또 닥터 카퍼(Dr. Copper)라고도 불리지. 경제가 좋아질지 나빠질지 모든 것을 알고 있다는 뜻이야. 경제가 좋아지는 분위기에서는 가격이 오르고 반대의 경우엔 내리지."

"최근에는 전기차 때문에 리튬이나 코발트 같은 금속들도 주목받고 있어. 전기차 배터리에 꼭 필요한 재료들이거든. 전기차가 많이 팔릴수록 이런 금속들의 가격도 오르는 거지."

🔍 선물 거래(Futures Trading)

선물 거래는 미래의 특정 시점에 특정 가격으로 상품을 사고팔기로 미리 약속하는 거래예요. 예를 들어, "3개월 후에 금 1온스를 2,000달러에 사겠다"는 계약을 지금 체결하는 거죠. 실제로는 금을 받지 않고 가격 차이만 정산해요. 선물 거래는 원래 농부들이 수확 전에 미리 판매 가격을 정해서 위험을 줄이려고 만든 제도였는데, 지금은 투자 수단으로도 많이 활용됩니다.

"아빠, 그럼 상품 투자는 주식이나 채권 투자와 근본적으로 뭐가 다른 거예요?"

"아주 핵심적인 질문이야. 가장 큰 차이점은 '인플레이션'에 대한 반응이란다. '인플레이션'은 물건들의 가격이 계속 올라서, 어제

1,000원이었던 과자가 오늘은 1,500원이 되는 것처럼 돈의 가치가 떨어지는 현상을 말해."

"물가가 오를 때, 주식이나 채권의 가치는 힘을 쓰지 못하는 경우가 많아. 하지만 상품은 오히려 가격이 함께 올라가는 경향이 있지. 생각해보면 당연해. 국제 유가(상품)가 오르니 과자를 만드는 운송비가 비싸지고, 밀가루(상품) 가격이 오르니 과자의 원재료 값이 비싸지는 것처럼, 상품 가격 상승이 바로 인플레이션의 주된 원인이거든. 그래서 투자 자산에 상품을 조금 섞어두면, 물가가 오르는 시기에 다른 자산의 손실을 막아주는 '방패' 역할을 톡톡히 해준단다."

"또 다른 차이점은 '변동성'이야. 상품 가격은 날씨, 전쟁, 자연재해처럼 예측하기 어려운 요인들의 영향을 직접적으로 받기 때문에, 가격의 오르내림이 매우 클 수 있어. 물론 주식 시장의 변동성이 더 클 때도 많지만, 일반적으로 상품은 더 위험한 만큼 잘 예측하면 큰 수익을 낼 수 있는 투자처로 여겨지지. 결국 주식, 채권, 상품은 서로 다른 특징을 가지고 시소처럼 움직일 때가 많단다. 그래서 똑똑한 투자자들은 이 세 가지를 골고루 섞어서 어떤 상황에서도 자산을 지킬 수 있는 튼튼한 '포트폴리오'를 만드는 거야. 계란을 한 바구니에 담지 않는 것처럼 말이야."

암호화폐, 디지털 시대의
새로운 화폐

최근 인터넷, 신문, 뉴스를 보면 온통 비트코인에 대해 이야기한다. 용돈으로 비트코인을 사서 돈을 벌었다고 자랑하는 친구가 있는가 하면, 큰 손해를 봤다며 울상을 짓는 친구도 있다. 도대체 비트코인이 무엇인지 궁금해서 아빠에게 여쭤보았다.

"비트코인(Bitcoin)은 '암호화폐'의 대표 주자란다. 우리가 쓰는 돈(원, 달러)과는 개념이 완전히 다른 새로운 디지털 화폐지. 가장 큰 차이점은, 한국은행이나 미국 정부처럼 중앙 기관이 관리하고 발행하는 게 아니라, 전 세계에 흩어진 컴퓨터 네트워크가 함께 관리한다는 거야."

"컴퓨터가 돈을 관리한다고요? 그게 어떻게 가능해요?"

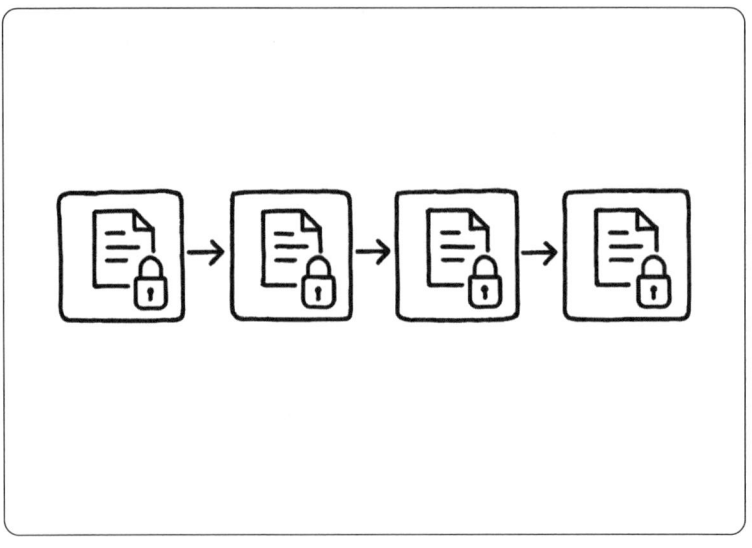

"바로 '블록체인(Blockchain)'이라는 아주 특별한 기술 덕분이야. 모든 거래 내역을 나 혼자만 기록하는 게 아니라, 네트워크에 연결된 전 세계 수많은 컴퓨터에 똑같이 복사해서 저장하는 방식이지. 마치 우리 반 학생들이 모두 똑같은 거래 장부를 한 권씩 가지고 있어서, 누군가 자기 장부를 몰래 고쳐도 다른 모든 친구의 장부와 내용이 다르기 때문에 거짓말이라는 게 금방 들통나는 것과 같은 원리란다. 누구도 마음대로 내용을 조작할 수 없게 만든 기술이야."

"그럼 비트코인은 누가 만든 거예요?"

"사토시 나카모토'라는 가명을 쓰는 사람이 2008년에 만들었어. 하지만 그 사람이 누구인지는 아직도 아무도 몰라. 2009년에 처음 거래가 시작됐을 때는 1비트코인이 미미한 가격이었지만, 지금은 10만 달러를 넘나들고 있지."

암호화폐의 특징

"암호화폐는 우리가 쓰는 일반 화폐와 어떤 점이 달라요?"

"아주 중요한 특징들이 몇 가지 있어. 먼저 좋은 점부터 말해볼게."

아빠는 손가락을 펴 보이며 설명하셨다.

"첫째, '탈중앙화'되어 있다는 점이야. 말이 조금 어렵지? 쉽게 말해, 거래를 허가하거나 관리하는 은행이나 정부 같은 '중심'이 없다는 뜻이야. 우리끼리 직접 돈을 주고받을 수 있는 거지. 둘째, 24시간 365일 거래가 가능해. 주식 시장은 평일 낮에만 열리지만, 암호화폐 시장은 잠들지 않는 시장이야. 셋째, 국경 없이 빠르게 돈을 보낼 수 있어. 해외에 있는 친구에게 돈을 보낼 때, 며칠씩 걸리는 은행 송금보다 훨씬 빠르고 수수료도 저렴할 수 있단다."

"와, 그럼 정말 좋은 것만 있는 것 같은데요?"

"물론 좋은 점이 있다면, 반드시 알아야 할 단점과 위험도 있단다. 가장 큰 문제는 살얼음판 같은 '변동성'이야. 하룻밤 사이에 가격이 10%, 20%씩 오르내리는 게 아주 흔한 일이지. 주식 투자와는 비교할 수 없을 정도로 위험성이 커. 또, '규제의 불확실성'도 있어. 나라마다 암호화폐에 대한 법과 정책이 제각각이고, 어느 날 갑자기 정부가 강력한 규제를 발표하면 가격이 폭락할 수도 있단다."

아빠는 신중한 목소리로 말씀을 이으셨다.

"그리고 '해킹 위험'도 무시할 수 없어. 암호화폐를 보관하는 개인 지갑이나 거래소가 해킹당해서 하루아침에 모든 자산을 잃어버리는 안타까운 사건들이 여러 번 있었거든. 마지막으로 '환경 문제'도 끊임없이 제기되고 있어. 비트코인 같은 암호화폐를 새로 만들어내는 '채굴' 과정에서 어마어마한 양의 전기를 사용하기 때문이야."

주요 암호화폐들

"비트코인 말고 다른 암호화폐도 있어요?"

"그럼, 셀 수 없이 많아. 비트코인을 제외한 나머지 암호화폐를 '알트코인(Altcoin)'이라고 부르는데, 현재 수천, 수만 가지가 있단다. 그중에서 비트코인 다음으로 유명한 몇 가지만 소개해줄게."

아빠는 대표적인 알트코인들을 짚어주셨다.

"이더리움(Ethereum)은 비트코인 다음으로 규모가 큰 2등 암호화폐야. 단순히 돈을 주고받는 기능을 넘어, '스마트 계약'이라는 특별한 기술을 가지고 있어. 이 기술을 이용하면 블록체인 위에서 투표 시스템이나 게임 같은 다양한 프로그램을 만들 수 있단다. 활용 가능성이 무궁무진해서 '제2의 인터넷'이라고 부르는 사람도 있어."

"리플(Ripple, XRP)은 전 세계 은행들이 국경을 넘어 돈을 빠르고 저렴하게 송금할 수 있도록 돕는 데 특화된 암호화폐야. 라이트코인(Litecoin)은 비트코인의 단점을 보완해서, 더 빠른 거래 속도를 목표로 만들어졌지. 심지어 도지코인(Dogecoin)처럼 처음에는 인터넷 밈(meme)과 농담으로 만들어졌다가, 테슬라의 최고경영자(CEO)인 일론 머스크(Elon Musk) 같은 유명인들이 언급하면서 갑자기 유명해진 경우도 있단다."

"그럼 아빠, 이런 암호화폐 투자는 어떻게 시작하는 거예요?"

"보통 '암호화폐 거래소'를 통해 사고팔 수 있어. 한국에는 업비트(Upbit)나 빗썸(Bithumb) 같은 거래소가 있고, 해외에는 바이낸스(Binance)처럼 더 큰 거래소도 있지. 하지만 아빠가 다시 한번 강조하는데, 암호화폐 투자는 정말 신중해야 해. 가격 변동의 이유를 합리적으로 설명하기 어려운 경우가 많아서, 가치에 돈을 묻는 '투자'라기보다는 가격의 오르내림에 돈을 거는 '투기'에 가까운 성격을 강하게 띠고 있거든. 반드시 잃어도 괜찮은 아주 적은 돈으로만 경험 삼아 해보는 것이 현명하단다."

🔍 블록체인(Blockchain)

블록체인은 거래 정보를 블록이라는 단위로 묶어서 체인처럼 연결한 기술이에요. 각 블록에는 이전 블록의 정보가 포함되어 있어서, 중간에 하나라도 조작하면 뒤의 모든 블록이 영향을 받아 조작이 불가능해져요. 마치 도미노처럼 연결되어 있어서, 하나를 바꾸려면 뒤의 모든 것을 다 바꿔야 하는 구조죠. 이 기술은 암호화폐뿐만 아니라 의료, 물류, 투표 시스템 등 다양한 분야에서 활용되고 있어요.

"아빠는 개인적으로 암호화폐 투자를 어떻게 생각하세요?"

"아빠는 조심스럽지만, 장기적인 관점에서는 긍정적으로 생각해. 물론 지금처럼 가격이 하루아침에 폭등과 폭락을 반복하는 모습은 매우 불확실하고 위험해 보이지. 하지만 암호화폐의 바탕이 되는 '블록체인' 기술 자체는 인터넷의 발명만큼이나 혁신적이어서, 미래 사회에 정말 많이 활용될 거라 믿어."

아빠는 커피를 한 모금 마신 뒤 말을 이으셨다.

"지금의 암호화폐 가격이 그 기술적 가치에 비해 너무 비싼 건 아닌지, 거품이 낀 것은 아닌지에 대해서는 계속 의문이 들어. 다만 아주 장기적으로 볼 때, 최근에는 미국의 퇴직연금(401k) 포트폴리오에도 암호화폐가 일부 포함되기 시작했고, 각국 정부도 외면하기보다 제도권 안으로 들여와 관리하려는 움직임을 보이고 있거든. 이런 변화들을 보면, 아주 적은 금액으로 먼 미래를 보고 장기 투자하는 것은 괜찮다고 생각해."

"무엇보다 중요한 것은, 절대로 공부 없이 시작해서는 안 된다는 거야. 블록체인 기술이 무엇인지, 각 암호화폐가 어떤 문제를 해결하려고 하는지 스스로 이해하지 못한다면, 그건 투자가 아니라 그저 '홀짝'을 맞추는 도박이나 다름없어. 주변에서 누가 돈을 벌었다는 이야기에 절대 현혹되지 말고, 언제나 신중하고 또 신중하게 접근해야 한단다."

환율, 나라 돈들의 힘겨루기

"아빠가 TV에 출연해서 경제 이야기를 하실 때 항상 '환율'도 함께 말씀하시잖아요. 그것도 투자랑 관련이 있어요?"

"물론이지. 아주 중요한 연관이 있어. 다른 나라 돈을 사고파는 것을 '외환 거래'라고 하고, 이때 서로 다른 통화를 교환하는 비율을 '환율'이라고 한다. 환율은 주가처럼 매일, 매 순간 변하는데, 이 변화를 이용해서 수익을 낼 수도 있어."

"어떻게요?"

"아주 간단해. 예를 들어, 환율이 1달러당 1,300원일 때 미국 달러를 사 두었다가, 나중에 환율이 올라 1달러당 1,400원이 되었을 때 그 달러를 다시 원화로 바꾸면 1달러당 100원의 이익이 생기는 거지."

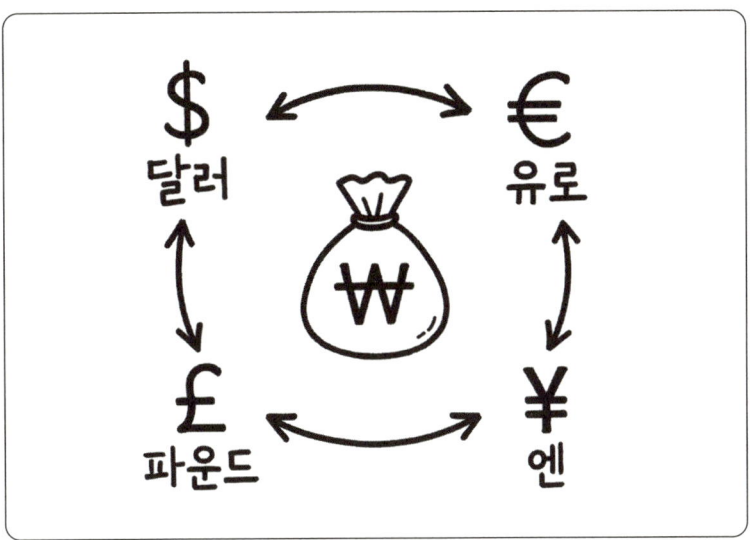

기축통화로서의 달러

"그런데 환율은 항상 미국 달러를 중심으로만 움직이는 것 같아요. 왜 전 세계 어디서나 달러를 쓰려고 하는 거예요?"

"정확한 지적이야. 그건 바로 미국 달러가 세계 경제의 '기축통화(Key Currency)', 즉 국제 거래의 기준이 되는 돈이기 때문이란다."

"기축통화요?"

"응. 전 세계 모든 나라가 무역을 하거나, 석유 같은 중요한 원자재를 살 때 기본적으로 사용하는 돈이라는 뜻이야. 예전에는 대영제국의 힘이 막강해서 영국 파운드화가 그 역할을 했는데, 제2차 세계대전 이후 미국이 세계 최강대국으로 자리 잡으면서 달러가 그 자리를 차지하게 됐지. 지금도 전 세계 외환 거래의 절대다수가 달러로 이루어지고 있어."

아빠는 말씀을 이으셨다.

"이처럼 모두가 달러를 원하고 사용하기 때문에 그 가치가 비교적 안정적으로 유지되는 거야. 그래서 많은 투자자가 재산의 일부를 원화가 아닌 달러로 가지고 있으면서 위험을 분산하기도 해. 예를 들어, 만약 한국 경제에 예기치 못한 위기가 생겨 원화의 가치가 크게 떨어지는 상황이 오더라도, 달러라는 '안전한 배'로 갈아탈 수 있으니 자산 전체의 손실을 줄일 수 있는 거지."

"그럼 달러를 많이 가지고 있으면 좋은 거네요?"

"그렇지. 그래서 많은 투자자가 재산의 일부를 원화가 아닌 달러로 가지고 있으면서 위험을 분산하기도 해. 만약 한국 경제에 문제가 생겨서 원화 가치가 떨어져도, 달러 자산이 있으면 어느 정도 손실을 줄일 수 있거든."

환율에 영향을 주는 요인들

"그런데 환율은 왜 주가처럼 계속 변하는 거예요?"

"아주 여러 가지 요인이 복합적으로 작용하기 때문이야. 마치 날씨가 기온, 습도, 바람에 따라 계속 변하는 것처럼 말이지. 환율에 영향을 미치는 대표적인 요인 다섯 가지만 알려줄게."

아빠는 하나씩 설명하기 시작하셨다.

"첫째, 두 나라의 '경제 성장률'이야. 만약 한국 경제가 미국 경제보다 더 힘차게 성장할 것으로 예상되면, 한국에 투자하려는 외국인들이 많아지겠지? 그럼 한국 돈인 '원화'를 사려는 사람이 늘어나니 원화의 가치가 올라가고, 환율은 내려가게 돼."

"둘째, '금리 차이'가 중요해. 만약 미국의 기준금리가 한국보다 훨씬 높다면, 사람들은 이자를 더 많이 주는 미국 은행에 돈을 맡기려고 할 거야. 그러려면 원화를 팔고 달러를 사야 하니, 달러의 가치가 올라가고 환율도 함께 오르게 된단다."

"셋째, '정치·지정학적 안정성'이야. 나라에 갑자기 정치적 혼란이 생기거나, 북한과의 관계처럼 전쟁의 위험이 커지면 외국인 투자자들은 불안해서 돈을 빼 가려고 하겠지. 그럼 그 나라 돈의 가치는 떨어지게 돼. 안전한 달러를 선호하게 되는 거지."

"넷째, '무역수지'도 큰 영향을 미쳐. '무역수지'는 수출과 수입의 성적표 같은 거야. 삼성전자가 반도체를 많이 팔아서(수출) 우리나라가 달러를 많이 벌어들이면, 시중에 달러가 흔해지니 달러 가치가 내려가고 환율도 떨어져. 반대로 석유처럼 우리가 사 와야 할 것(수입)이 많아지면, 달러를 많이 써야 하니 환율이 오르게 되지."

"마지막으로 '중앙은행의 개입'도 있어. 환율이 너무 한쪽으로 빠르거나 심하게 움직이면 경제에 충격을 줄 수 있거든. 그래서 우리나라의 한국은행 같은 중앙은행이 시장에서 직접 달러를 사거나 팔면서 환율의 급격한 변동을 막는 '스무딩 오퍼레이션(smoothing operation)'을 하기도 한단다."

환율 투자의 위험성

"환율에 영향을 주는 요소가 너무 많은 것 같아요. 이걸 모두 생각해서 투자하는 게 가능한가요?"

"사실 순수하게 환율의 움직임만을 예측해서 돈을 버는 '외환 거래'는 전문가들에게도 정말 어려운 영역이야. 방금 배운 것처럼 변수가 너무 많아서, 그 방향을 예측하는 건 거의 불가능에 가깝거든. 물론 환율이 평소보다 눈에 띄게 낮아졌을 때 달러 예금을 들어두거나, 미국 국채를 사두는 것처럼 비교적 단순한 방법으로 접근할 수는 있겠지."

"그럼 환율 투자는 아예 안 하는 게 좋은 건가요?"

"아니, 아빠가 말하고 싶은 건 관점의 차이야. 일반 투자자나 이제 막 투자를 시작하는 초보자는 환율 변동 그 자체로 큰돈을 벌겠다는 '공격적인 투자'보다는, 내 전체 자산을 지키기 위한 '위험 관리'에 더 초점을 두는 게 좋다는 뜻이야."

아빠는 차분한 목소리로 말을 이으셨다.

"예를 들어, 네가 미국 주식에 많이 투자했다면 달러 자산의 비중이 높은 상태겠지? 그때는 혹시 모를 달러 가치 하락의 위험에 대비해서 원화 자산도 일정 비율을 유지하는 식으로 균형을 맞추는 거야. 순수하게 환율 변동으로만 수익을 내려 하기보다는, 환율 변동이라는 파도로부터 내 자산 포트폴리오라는 배를 지키는 관리의 개념으로 접근하는 것이 훨씬 현명하단다."

🔍 구매력 평가(PPP, Purchasing Power Parity)

환율의 변동성이 높아 현재의 환율이 적정한지에 대한 연구도 있어요. 구매력 평가는 같은 상품을 각 나라에서 사는 데 드는 비용을 비교해서 환율의 적정성을 판단하는 방법이에요. 유명한 예로 '빅맥 지수'가 있어요. 맥도날드 빅맥 가격을 각 나라별로 비교해서 환율이 적정한지 보는 거죠. 만약 한국에서 빅맥이 5,000원이고 미국에서 5달러라면, 이론적으로는 1달러=1,000원이 적정 환율인 셈이에요. 실제 환율이 이보다 높으면 원화가 저평가된 것이고, 낮으면 고평가된 것으로 볼 수 있어요.

환율과 국제 정세

"기왕 말이 나왔으니, 달러가 어떻게 지금의 자리까지 오게 됐는지 그 배경을 좀 더 자세히 알아볼까?”

아빠는 역사 선생님처럼 설명을 시작하셨다.

“달러가 ‘기축통화’의 왕좌에 오른 건 결정적인 역사적 계기가
있었어. 1944년에 전 세계 주요 국가 대표들이 모여 ‘브레튼우즈
협정(Bretton Woods Agreement)’이라는 중요한 약속을 했단다. 당시
세계 최강대국이었던 미국이 ‘1온스의 금을 35달러의 가치에 언제
든 바꿔주겠다’고 선언했고, 다른 모든 나라는 자국 통화의 가치를
달러에 고정하기로 합의했지. 금에 묶인 달러, 그리고 그 달러에
묶인 전 세계 통화 체제가 탄생한 거야.”

“그럼 지금도 달러를 가져가면 금으로 바꿔줘요?”

“아니, 그 약속은 1971년 닉슨대통령의 금태환정지선언(Gold
Convertibility Suspension)을 통해 사라졌어. 하지만 그 이후로도
달러의 힘은 더 막강해졌지. 바로 ‘페트로달러 시스템(Petrodollar
System)’ 덕분이야. 전 세계 모든 나라가 필요로 하는 석유를 거래
할 때는 오직 달러로만 결제하도록 사우디아라비아 같은 주요 산
유국과 약속을 한 거야. 자동차를 굴리고 공장을 돌리려면 반드시
달러가 필요하게 만든 거지.”

“결국 미국의 막강한 경제력과 군사력이 그 배경에 있는 거군요.”

“바로 그거야. 미국은 지금도 전 세계 총생산(GDP)의 약 25%
를 차지하는 경제 대국이고, 가장 안정되고 발달한 금융 시장을

가지고 있어. 이 때문에 전 세계 대부분의 중앙은행들은 비상금을 쌓아두듯 '외환보유액'의 60% 이상을 달러로 보유하고 있단다. 경제 위기가 터지면 모든 나라가 가장 먼저 달러를 찾게 되니까, 달러는 자연스럽게 가장 강력한 '안전자산'의 역할도 하게 된 거야."

환율 헤지와 실생활

"환율 변동 위험을 줄일 수 있는 방법은 없나요? 아까 아빠가 원화 자산도 항상 가지고 있어야 한다고 하셨잖아요. 그게 도움이 될까요?"

"물론이지. 그렇게 위험을 미리 대비하고 그 충격을 줄이는 행동을 투자 세계에서는 '헤지(Hedge)'라고 부른단다. 울타리(hedge)를 쳐서 내 자산을 보호한다는 뜻이야. 비가 올 것에 대비해 미리 우산을 챙기는 것과 같은 지혜지."

"실제로 많은 한국 투자자가 바로 그 고민을 해. 예를 들어, 삼성전자 주식을 사면 '원화 자산'을 갖게 되는 것이고, 애플 주식을 사면 '달러 자산'을 사게 되는 거거든. 둘 다 훌륭한 회사지만, 환율이 어떻게 움직이느냐에 따라 최종 수익률이 크게 달라질 수 있어."

"그래서 '통화 분산'이 중요한 투자 전략 중 하나가 되는 거야. 내 자산을 한국 원화, 미국 달러, 유럽의 유로(Euro), 일본의 엔(Yen)화 등 여러 나라 돈으로 나누어 가지는 거지. 어느 한 나라의 통화 가치가 약해지더라도, 다른 나라의 통화 가치가 강해지면서 전체 자산의 가치 변동을 줄여줄 수 있으니까."

아빠는 전문가들이 사용하는 방법에 대해서도 덧붙이셨다.

"나중에 지우가 아빠처럼 펀드매니저가 된다면, '선물 거래'나 '선도(Forward) 계약' 같은 더 전문적인 방법으로 환율 변동을 더 정교하게 헤지할 수도 있단다. 이건 미래의 특정 시점에 특정 환율로 달러를 사고팔기로 미리 약속해두는 복잡한 금융 계약이야. 지금은 이런 방법도 있다는 것 정도만 알아두렴."

"와……. 환율은 정말 단순하지 않네요. 정말 어려운 투자 같아요."

"맞아. 그래서 아까도 얘기했지만, 순수하게 환율 변동만으로 돈을 벌려고 하기보다, 내 전체 자산의 안정을 위해 위험을 관리하는 수단으로 먼저 생각하는 것이 현명하단다."

디지털 시대의 환율

"요즘처럼 디지털 결제가 일상화된 시대에는 우리 모두가 매일 환율의 영향을 받으며 살고 있단다. 예를 들어, 우리가 매달 내는 넷플릭스(Netflix) 구독료나 아마존(Amazon)에서 물건을 살 때, 그 요금은 달러를 기준으로 책정돼. 카드사에서 우리 대신 달러로 돈을 내주고, 우리는 그날그날의 환율에 따라 계산된 원화를 내는 거지."

아빠는 이어서 말씀하셨다.

"해외 직구할 때도 마찬가지야. 똑같은 100달러짜리 신발이라도, 환율이 1달러당 1,300원일 때 사면 13만 원을 내야 하지만, 1,400원으로 오르면 14만 원을 내야 하니까. 이처럼 환율을 이해하는 건 이제 투자뿐만 아니라 똑똑한 소비를 위해서도 아주 중요해졌어."

미래에 대한 이야기도 덧붙이셨다.

"앞으로는 각 나라의 중앙은행이 직접 발행하는 디지털 화폐, 즉 '중앙은행 디지털화폐(CBDC, Central Bank Digital Currency)'도 등장할 거야. 한국은행이 디지털 원화를, 미국 연준이 디지털 달러를 만드는 거지. 이런 새로운 화폐가 나오면 나라 간의 돈거래가 훨씬 더 빠르고 간편해지면서 환율에도 큰 변화를 가져올 수 있단다. 이처럼 기술의 발전이 금융의 미래를 계속 바꾸고 있는 거야."

🔍 환율 표기법 이해하기

환율 표기에는 두 가지 방식이 있어요. 직접표시법은 외국 돈 1단위를 우리나라 돈으로 얼마에 살 수 있는지 나타내는 방법이에요. 예를 들어 '1달러 = 1,300원'처럼 표시하죠. 간접표시법은 반대로 우리나라 돈 1단위로 외국 돈을 얼마나 살 수 있는지 나타내요. '1원 = 0.00077달러'처럼 말이에요. 한국은 주로 직접표시법을 사용해서 '달러당 원화'로 표시합니다. 환율이 오른다는 건 원화 가치가 떨어진다는 뜻이고, 환율이 내린다는 건 원화 가치가 올라간다는 뜻이에요.

PART 2

언제 투자를 해야 하나?

경제가 좋을 때,
성장의 파도를 타자

올해 초 봄방학을 맞아 아빠와 엄마가 미국에 오셨을 때의 일이다. 동생 클레어(Clare)가 쇼핑 가자고 졸라서 아빠와 함께 조지아몰(Mall of Georgia)에 갔었다. 주차장은 빈자리를 찾기 어려웠고, 쇼핑몰 안은 사람들로 발 디딜 틈이 없었다. 특히 애플(Apple) 매장 앞은 신제품을 구경하려는 사람들로 줄이 길게 늘어서 있었고, 푸드코트는 자리를 찾기 힘들 정도였다.

"아빠, 요즘 쇼핑몰에 사람이 정말 많아졌어요. 작년만 해도 이렇게 붐비지는 않았는데……"

"그러게. 평일인데도 이렇게 붐비는 걸 보니, 경제가 좋아지고 있다는 신호일 수도 있겠구나."

나는 고개를 갸웃했다.

"경제가 좋아진다는 게 정확히 뭐예요? 뉴스에서는 매일 경제가 좋다, 나쁘다 하는데 솔직히 우리 생활이랑 무슨 상관인지 잘 모르겠어요. 우리는 그냥 똑같이 사는 것 같은데……."

아빠는 잠시 생각하시더니, 천천히 말씀을 이어가셨다.

"아주 좋은 질문이야. 사실 경제가 좋고 나쁜 것은 우리 일상과 아주 밀접하게 연결되어 있어. 간단히 말해, 경제가 좋다는 건 나라 전체의 '돈의 흐름'이 활발해진다는 뜻이야."

"돈의 흐름이요?"

"응. 기업들이 물건을 더 많이 팔고(생산 증가), 그 결과 사람들이 돈을 더 많이 벌고(소득 증가), 그래서 더 활발하게 돈을 쓰는(소비 증가), 이 세 가지가 잘 맞물려 돌아가는 상태지. 마치 건강한 사람의 몸에 피가 잘 도는 것처럼, 돈이 경제 전체를 막힘없이 돌아다니는 거야."

나는 오늘 쇼핑몰에서 본 광경을 떠올렸다.

"그럼 오늘 쇼핑몰에 사람이 많았던 것도?"

"맞아! 사람들의 주머니 사정에 여유가 생기니 쇼핑을 더 많이 하는 거야. 반대로 경제가 어렵다면 꼭 필요한 것만 사려고 허리띠를 졸라매겠지? 하지만 여유가 생기면 새 옷도 사고, 더 맛있는 음식도 먹고, 최신 스마트폰도 사고 싶어지잖아."

"아, 그러고 보니 요즘 제 친구들도 쇼핑을 부쩍 많이 하는 것 같아요."

"바로 그거야. 그럼 쇼핑몰에 입점한 가게들의 매출이 늘어나겠지? 그럼 그 가게 주인들은 어떻게 할까?"

나는 잠시 생각해 봤다.

"음……. 물건을 더 많이 만들어오고, 직원을 더 뽑을 수도 있겠네요."

"맞아! 장사가 잘되니 사업을 확장하고, 일손이 부족하니 직원을 더 뽑게 되지. 그리고 기존 직원들의 월급을 올려줄 수도 있어. 그럼 월급이 오른 직원들은 그 돈으로 또 다른 곳에 가서 소비를 하고……. 이렇게 돈이 돌고 돌면서 모두에게 이로운 결과가 나타나는 것을 '선순환'이라고 한단다."

"와, 정말 모든 게 다 연결되어 있네요. 그럼 쇼핑몰을 운영하는 회사 주식도 오를까요? 그리고 그 안에 입점한 브랜드들의 주식도요?"

"그럴 가능성이 아주 높지. 모든 건 연결되어 있으니까. 심지어 사람들이 많이 찾는 인기 있는 지역이 되면, 그 주변의 부동산 가격까지 오를 수도 있단다."

미국 경제를 알아야 하는 이유

나는 갑자기 궁금한 게 생겼다.

"그런데 아빠, 갑자기 생각해보니 이상한 게 있어요. 혹시 'Made in USA'라고 쓰인 물건을 최근에 본 적 있으세요?"

아빠가 웃으셨다.

"왜 갑자기 그런 걸 물어보니?"

"제 아이폰(iPhone)도 보니까 'Made in China'라고 쓰여 있더라고요. 애플은 미국 회사인데 제품은 중국에서 만들잖아요. 우리가 쓰는 물건 중에 미국산은 거의 못 본 것 같아요. 그럼 미국은 대체 어떻게 돈을 벌어요? 왜 세계에서 제일 잘 사는 나라예요?"

"정말 예리한 관찰이야. 그 비밀은 바로 미국이 '물건'을 파는 제조업보다 눈에 보이지 않는 '서비스'와 '지식재산'으로 돈을 버는 나라이기 때문이란다."

"서비스요? 어떤 서비스요?"

"곰곰이 생각해봐. 우리가 영화 보는 넷플릭스(Netflix), 음악 듣는 스포티파이(Spotify), 일할 때 쓰는 파워포인트(PowerPoint)와 엑셀(Excel), 검색하는 구글(Google) 등은 전부 미국에서 만든 것들이지. 하지만 손에 잡히는 물건은 아니야."

나는 고개를 끄덕였다.

"아, 그러고 보니 제가 매일 쓰는 앱들이 대부분 미국 회사 것이네요. 인스타그램(Instagram), 유튜브(YouTube), 줌(Zoom)……. 아, 틱톡(TikTok)은 중국 거구나."

"맞아. 자동차나 냉장고 같은 비싼 물건을 많이 파는 우리나라나 중국, 일본, 독일과 다르니 '미국이 돈을 어떻게 벌까?' 하는 생각이 드는 건 당연해. 하지만 이런 서비스 산업의 가장 큰 특징이 뭔지 아니?"

"음……. 한 번 만들어두면 전 세계 수많은 사람이 동시에 쓸 수 있다는 점?"

"바로 그거야! 자동차는 한 대 만들면 한 사람만 탈 수 있지만, 넷플릭스 영화나 윈도우(Windows) 프로그램은 한 번 잘 만들어두면 전 세계 수억, 수십억 명이 동시에 돈을 내고 쓸 수 있어. 추가로 드는 비용은 거의 없이 말이야. 이것이 바로 미국 기업들이 막

대한 돈을 버는 방식이지."

"그럼 물건 수출만 보면 다른 나라가 더 많이 벌겠네요?"

"맞아. 상품 수출만 보면 중국이나 독일이 미국보다 훨씬 많아. 미국이 다른 나라에서 수입하는 물건이 수출하는 것보다 훨씬 많으니까, 무역 성적표(무역수지)는 항상 적자를 기록하지."

"그런데도 미국이 부자인 건, 바로 이 보이지 않는 '서비스 수출' 덕분이야. 전 세계 사람들이 구글에 광고비를 내고, 아마존 클라우드 서버를 이용하고, 디즈니플러스(+) 구독료를 내면서 달러를 미국으로 보내주고 있거든. 이런 서비스 수출까지 합치면 미국의 힘은 막강해진단다."

"아, 그럼 우리가 넷플릭스 구독료를 낼 때마다 미국에 수출 대금을 보내는 셈이네요!"

"그런 셈이지. 그래서 우리는 이러한 미국 경제의 특별함을 고려해 투자를 해야 해. 그리고 미국 경제를 이해하는 또 하나의 중요한 열쇠는 바로 '소비'야. 미국 전체 경제, 즉 국내총생산(GDP)의 약 70%가 우리 같은 개인들의 소비로 이루어져 있단다. 미국 사람들이 지갑을 활짝 열고 소비를 하면 미국 경제가 좋아지는 것은 물론, 다른 나라로부터 수입도 많이 하게 되니 전 세계 경제가 함께 활기를 띠게 되는 거야."

마음의 온도계가 투자를 가리킬 때, 소비자 신뢰지수

"와……. 그럼 미국 사람들의 생각이나 기분이 정말 중요하겠네요. 그들의 지갑 사정이 전 세계에 영향을 미치니까요."

"맞아. 미국 사람들이 앞으로 경제가 좋아질 거라고 생각해야 안심하고 소비를 늘리지 않겠니? 그래서 투자자들은 미국 사람들의 기분, 즉 경제에 대해 얼마나 낙관적인지를 보여주는 지표를 아주 중요하게 봐. 그게 바로 '소비자 신뢰지수(Consumer Confidence Index)'란다."

"소비자 신뢰지수요?"

"응. 매달 미국 전역의 수천 가구에 전화를 걸거나 설문지를 보내서, 앞으로의 경제 상황에 대해 질문하는 거야. '앞으로 6개월 뒤 우리 동네 경기가 좋아질 것 같나요?', '일자리를 구하기가 지금보다 쉬워질까요?', '가족의 소득이 늘어날 것 같나요?' 하고 말이야."

"사람들의 기분을 숫자로 나타내는 거네요?"

"맞아. 일종의 '경제 심리 성적표'지. 이 지수가 기준치인 100보다 높게 나오면 사람들이 미래를 낙관적으로 본다는 뜻이고, 이는 곧 소비가 늘어날 가능성이 크다는 신호로 해석돼. 반대로 지수가 낮으면 사람들이 미래를 불안해하고 있으니, 허리띠를 졸라맬 가능성이 높다는 뜻이지."

"실제로 이 지표는 주식 시장에도 바로 영향을 미쳐. 소비자 신뢰지수가 예상보다 높게 나오면, 사람들의 소비와 직접적으로 관련된 기업들의 주가가 오르는 경향이 있거든. 월마트(Walmart)나 아마존(Amazon) 같은 유통업체, 맥도날드(McDonald's)나 스타벅스(Starbucks) 같은 외식업체들이 대표적이야."

"그럼 제가 친구들이랑 스타벅스에 가서 커피를 마시는 것도 결국 소비자 신뢰지수에 영향을 주는 거네요?"

"그렇지! 바로 네가 스타벅스에서 돈을 쓰는 그 작은 소비 하나하나가 모여서 미국 경제를 움직이는 거야. 그리고 그런 소비 습관들이 모여 '소비자 신뢰지수'라는 중요한 경제 지표가 되고, 전 세계 투자자들의 판단에 영향을 미치는 거란다. 모든 것은 정말 긴밀하게 연결되어 있어."

🔍 소비자 신뢰지수(Consumer Confidence Index)

컨퍼런스 보드(Conference Board)에서 매달 발표하는 지표로, 미국 소비자들의 경제에 대한 신뢰도를 측정합니다. 현재 상황에 대한 평가와 6개월 후 전망으로 구성되며, 1985년을 100으로 기준합니다. 이 지수가 높으면 소비 증가로 이어져 경제 성장에 긍정적 영향을 미치고, 낮으면 소비 위축으로 경제 둔화를 예고하는 경우가 많습니다.

경제 지표를 보면
투자 시기가 보인다고?

주요 지표들

"그럼 실제로 경제가 좋아지는 건 어떻게 알 수 있어요? '소비자 신뢰지수'가 사람들의 기대감이나 예상이라면, 실제로 경제가 좋다는 걸 확실히 알 수 있는 객관적인 방법이 있나요?"

"물론이지. 바로 '경제 지표'라는 게 있어. 우리가 학교에서 시험을 보고 국어, 영어, 수학 성적이 나오는 성적표를 받는 것처럼, 한 나라의 경제도 얼마나 건강한지, 얼마나 성장했는지를 보여주는 성적표가 있단다."

"나라의 성적표요? 어떤 과목들이 있어요?"

"아주 많은 과목들이 있지만, 가장 중요한 핵심 과목 세 가지를

꼽을 수 있어. 바로 국내총생산(GDP), 물가 그리고 고용지표야. 이세 가지만 제대로 이해해도 경제가 지금 어떤 상황인지 큰 그림을 파악할 수 있단다. 경제 뉴스를 이해하는 가장 강력한 무기를 얻게 되는 셈이지.”

“GDP는 뉴스에서 정말 자주 들어봤는데, 정확히 뭐예요?”

“‘국내총생산(Gross Domestic Product)’의 줄임말이야. 간단히 말해, 한 나라 안에서 정해진 기간(보통 1년 또는 1분기) 동안 새롭게 생산된 모든 물건과 서비스의 가치를 합친 금액이지. 삼성전자의 스마트폰, 현대자동차의 자동차는 물론이고, 병원 진료, 미용실 서비스, 우리가 보는 넷플릭스 콘텐츠까지, 한 나라의 모든 경제 활동을 돈으로 환산해서 더한 '나라 전체의 연봉'이라고 생각하면 쉬워."

"그럼 GDP가 늘어나면 나라가 더 부유해지는 거네요?"

"맞아. 작년보다 GDP가 3% 성장했다고 하면, 우리나라가 작년보다 3% 더 많은 부를 만들어냈다는 뜻이야. 2025년 현재, 미국의 GDP는 약 30조 달러로 단연 세계 1위이고, 우리 대한민국은 약 2조 달러 수준으로 세계 10위권을 유지하고 있단다."

"와, 미국 경제 규모가 정말 크네요."

"그렇지. 그런데 더 중요한 건 GDP가 '어떻게' 성장했는지를 살펴보는 거야. GDP는 크게 네 가지 엔진으로 움직인단다. 바로 개인 소비(C), 기업 투자(I), 정부 지출(G), 그리고 순수출(수출-수입, X-M)이야. 경제학 교과서에는 항상 'GDP = C + I + G + (X-M)'이라는 공식이 등장하지."

나는 고개를 갸웃했다. "각각의 엔진이 다르면, 투자할 때도 다르게 생각해야 하나요?"

"바로 그거야! 어떤 엔진이 힘을 내느냐에 따라 수혜를 받는 산업이 달라져. 예를 들어, 소비(C)가 주도하는 성장은 월마트 같은 유통업체나 코카콜라 같은 소비재 회사에 좋고, 기업 투자(I)가 늘어나면 공장을 짓는 건설 회사나 기계 회사가 수혜를 입지. 정부 지출(G)이 늘어날 때는 주로 도로, 항만 같은 사회 기반 시설(인프라) 관련 기업들이, 수출(X-M)이 잘될 때는 당연히 수출 기업들이 좋아진단다."

아빠는 구체적인 예를 들어주셨다.

"코로나 팬데믹 때 정부가 사람들에게 지원금을 지급했을 때는 개인 소비(C)가 크게 늘어나면서 아마존(Amazon)이나 월마트(Walmart) 같은 유통 공룡들의 주가가 엄청나게 올랐어. 반대로, 2021년 미국 정부가 '인프라 투자 및 일자리 법안'을 통과시켰을 때는 정부 지출(G)에 대한 기대로 건설 장비를 만드는 캐터필러(Caterpillar)나 미국 철강 회사들의 주가가 크게 올랐지. 투자자들이 1조 2,000억 달러 규모의 투자가 이들 회사에게 큰 기회가 될 거라고 판단했거든."

선행지표와 후행지표, 매크로 분석의 시작

"경제를 알면 알수록 투자에 도움이 많이 되는 것 같아요. 특히 GDP 같은 경제 지표는 더 그렇고요. 이런 지표들을 더 잘 활용하는 방법이 있을까요?"

"아주 좋은 질문이야. 경제 지표를 깊이 있게 공부해서 투자의 방향을 잡는 것을 '매크로 분석'이라고 해. 그리고 경제 지표를 제대로 공부하려면, 크게 세 가지 종류로 나누어서 접근할 필요가 있단다. 바로 '선행지표', '동행지표', '후행지표'야. 마치 의사가 건강을 진단할 때 미래의 질병 가능성(선행), 현재의 건강 상태(동행), 병을 앓고 난 후의 회복 상태(후행)를 모두 살피는 것과 같지."

"어떻게 다른데요?"

"'선행지표'는 실제 경제 상황이 변하기 전에 미리 신호를 보내는 지표야. 일기예보처럼 앞으로 날이 맑을지, 비가 올지를 예측해 주는 거지. 우리가 앞에서 배운 '소비자 신뢰지수'가 대표적이야. 사람들의 기분이 좋아져야 실제로 소비를 늘리기 시작하니까. 주식시장 역시 실제 경기가 좋아지기 6개월에서 1년 먼저 움직이는 대표적인 선행지표란다."

"와, 그럼 미래를 예측할 수 있겠네요!"

"어느 정도는. 하지만 일기예보가 항상 100% 정확하지는 않듯, 선행지표도 때로는 잘못된 신호를 보낼 수 있어. 그래서 여러 지표를 함께 봐야 해."

"'동행지표'는 현재 경제의 건강 상태를 보여주는 지표야. 지금 당장 측정한 혈압이나 체온 같은 거지. 앞에서 배운 'GDP'나 '산업생산지수'처럼 지금 우리 경제가 성장하고 있는지, 위축되고 있는지를 알려준단다."

"'후행지표'는 경제 상황이 변하고 난 뒤에야 그 결과를 보여주는 지표야. 병을 앓고 난 뒤에 남는 후유증을 확인하는 것과 비슷해. '실업률'이 대표적이지. 경기가 나빠진다고 해서 회사가 바로 직원을 해고하지는 않잖아. 몇 달간 상황을 지켜보다가 정말 어려워지면 그때 인력을 줄이니까, 실업률은 보통 경기 침체가 시작되고 몇 달 뒤에야 본격적으로 올라가는 경우가 많아."

"그럼 투자할 때는 미래를 보여주는 선행지표를 가장 중요하게 봐야겠네요?"

"맞아. 투자자들은 항상 미래를 예측하고 싶어 하니까. 하지만 선행지표는 변덕스럽고 때로는 우리를 속일 수도 있다는 점을 꼭 기억해야 해. 그래서 동행지표로 현재 상태를 정확히 진단하고, 후행지표로 과거의 변화를 복기하면서, 세 가지 지표를 모두 종합적으로 판단하는 것이 가장 현명하단다."

🔍 경제지표의 분류

선행지표(Leading Indicators): 경제 변화를 미리 예고하는 지표들. 주식시장, 장단기 금리차, 신규 실업급여 신청, 소비자 기대지수, 신규 주택 착공 등이 있습니다. 투자자들이 가장 주목하는 지표들이에요.

동행지표(Coincident Indicators): 현재 경제 상황을 보여주는 지표들. GDP, 산업생산지수, 개인소득, 소매판매 등이 있습니다. 경제의 현재 상태를 정확히 파악할 수 있어요.

후행지표(Lagging Indicators): 경제 변화 이후에 나타나는 지표들. 실업률, 기업 대출금리, 재고/매출 비율 등이 있습니다. 경제 변화를 확인하는 용도로 사용돼요.

고용지표, 또 다른 경제의 체온계

"후행지표 중에서 가장 중요한 지표는 어떤 거예요?"

"사실 후행지표이면서도 때로는 선행지표만큼이나 중요한 것이 바로 실업률을 포함하는 '고용지표'야."

"고용지표는 일자리에 대한 이야기죠?"

"맞아. '실업률'이 낮다는 건 일하고 싶은 사람이 대부분 일자리를 구했다는 뜻이니 경제가 건강하다는 신호지. 사람들이 안정적으로 돈을 벌어야 소비도 하고 미래를 위한 투자도 할 수 있으니까. 구리 가격이 '닥터 카퍼(Dr. Copper)'라 불리며 경제의 체온을 미리 알려주는 선행지표라면, 고용지표는 약간 늦게 나타나지만 더 확실하게 경제의 건강 상태를 확진해주는 체온계라고 할 수 있어."

나는 문득 궁금해졌다.

"그런데 아빠, 요즘 AI 때문에 많은 일자리가 없어진다고 하잖아요. 그럼 앞으로 실업률이 계속 올라가는 거 아니에요? 제 친구 아빠가 회계사이신데, AI가 회계 업무를 대체할까 봐 걱정하시더라고요."

"아주 예리하고 중요한 지적이야. 실제로 기술 발전으로 사라지는 일자리도 분명히 있겠지. 하지만 그만큼, 아니 그 이상으로 새로운 일자리가 생겨날 거야. 예를 들어, AI를 개발하고 학습시키는 사람, AI 시스템을 관리하고 감독하는 사람, 또 AI를 도구로 활용해서 완전히 새로운 서비스를 만드는 사람들처럼 말이야. 산업혁명 때도 똑같았어. 기계가 등장하면서 수많은 수공업 일자리가 사라졌지만, 그 기계를 만들고, 정비하고, 판매하는 새로운 일자리가 훨씬 더 많이 생겨났거든."

"아, 그럼 결국 시대의 변화에 맞춰 새로운 기술을 배우는 게 중요하겠네요."

"바로 그거야. 그리고 그런 변화의 흐름을 남들보다 먼저 읽고, 그 변화를 이끄는 관련 회사에 투자하는 것도 아주 훌륭한 전략이 될 수 있단다. AI 시대의 필수품인 그래픽처리장치(GPU)를 만드는 엔비디아(Nvidia)가 대표적인 경우지. AI 붐이 일면서 엔비디아의 주가는 상상 이상으로 올랐거든."

아빠는 투자자들이 가장 주목하는 고용지표에 대해 이어서 설명하셨다.

"미국에서는 매월 첫 번째 금요일 오전에 발표되는 '비농업 고용지표(Non-Farm Payroll)'를 모든 투자자가 숨죽여 지켜봐. 이 숫자가 시장의 예상보다 좋게 나오면 경제가 튼튼하다는 뜻이니 주식시장이 오르고, 나쁘게 나오면 떨어지는 경우가 많아."

"왜 '비농업'이에요? 농업은 왜 빼는 거예요?"

"농업은 날씨나 계절처럼 경제 외적인 요인에 따라 고용 변동이 너무 크기 때문이야. 봄에는 씨를 뿌리느라 일손이 많이 필요하고, 겨울에는 줄어드는 게 당연하잖아. 그래서 경제 전체의 핵심적인 흐름을 더 정확하게 파악하기 위해 농업 분야를 제외하고 발표하는 거란다."

"그럼 매월 첫 번째 금요일은 투자자들에게 정말 중요한 날이겠네요?"

"맞아. 월가에서는 그날을 '잡스 데이(Jobs Day)'라고 부르기도 해. 고용지표가 발표되는 오전 8시 30분(미국 동부시간)을 기점으로 주식 시장이 아주 크게 움직이는 경우가 많지. 특히 미국 중앙은행인 연준이 금리를 올릴지 내릴지 결정할 때 이 고용지표를 가장 중요하게 참고하기 때문에, 모든 투자자가 예의주시하는 거란다."

물가, 우리 지갑 사정의 바로미터

"후행지표로 분류되지만 아주 중요한 경제 지표 중에 '물가지표'도 있단다."

"물가지표요?"

"응. 정부 기관에서 매달 우리가 자주 사는 물건과 서비스들의 가격이 얼마나 변했는지를 조사해서 발표하는 거야. 라면, 우유, 기름값 같은 상품 가격부터 학원비, 영화표, 병원비 같은 서비스 가격까지 수백 가지 항목을 종합해서 계산하지. 이걸 '소비자물가지

수(CPI, Consumer Price Index)'라고 불러."

나는 갑자기 생각이 났다. "아, 요즘 스타벅스 커피 가격이 정말 많이 올랐어요. 벤티 사이즈가 6달러가 넘던데, 작년에는 5달러 좀 넘었던 것 같아요. 이것도 물가 상승인가요?"

"정확해. 바로 그런 개별 상품의 가격 변화들이 모여서 소비자 물가지수가 되는 거야. 물가가 연 2% 정도로 완만하게 오르는 건, 사람들에게 소비할 여유가 있고 기업들의 물건도 잘 팔린다는 뜻이니 경제가 건강하게 성장하고 있다는 긍정적인 신호란다."

"그럼 물가가 많이, 그리고 빨리 오를수록 더 좋은 거 아니에요?"

"결코 아니야. 물가가 너무 빨리 오르면 큰 문제가 생긴단다. 이걸 '인플레이션(Inflation)'이라고 하지. 네가 한 달 용돈으로 100달러를 받는다고 상상해봐. 그런데 갑자기 스타벅스 커피를 포함한 모든 물건 값이 두 배로 뛰어버리면 어떻게 될까?"

나는 상상만 해도 끔찍했다.

"제가 살 수 있는 게 절반으로 줄어들겠네요! 용돈은 그대로인데……. 진짜 화날 것 같아요. 커피도 마음대로 못 마시고, 사고 싶었던 옷도 못 사고요."

"바로 그거야. 월급은 그대로인데 물건 값만 오르면, 사람들의 실질적인 구매력이 떨어져서 오히려 소비를 줄이게 되고, 결국 경제 전체가 어려워질 수 있어. 2021년에서 2022년 사이 미국에서

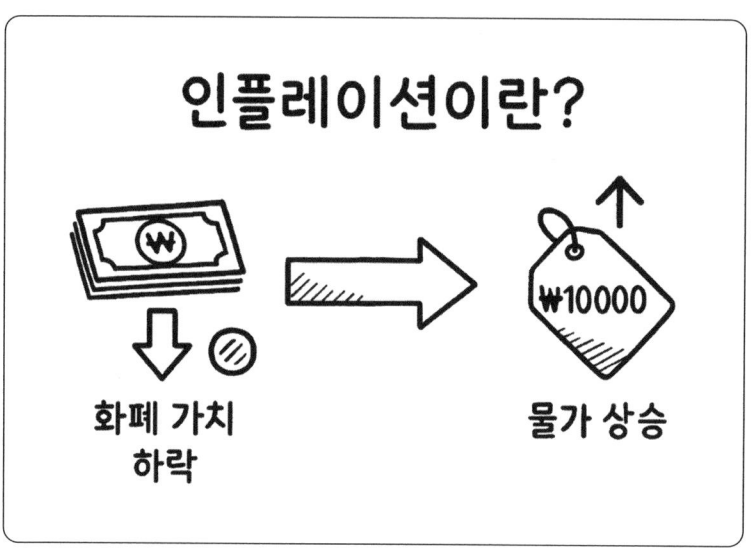

바로 그런 심각한 '인플레이션'이 발생해서, 사람들이 치솟는 물가 때문에 무척 힘들어했단다. 당시에는 자동차 기름값이 1갤런당 5달러를 훌쩍 넘기도 했지."

"그때 미국 중앙은행인 연준이 물가를 잡기 위해 기준금리를 아주 공격적으로 올리기 시작한 거야. 지금도 연준은 그때 급등한 물가를 안정시키기 위해 계속 노력하는 중이란다."

아빠는 반대의 경우를 질문하셨다.

"그럼, 만약 물가가 계속 떨어지면 어떻게 될까?"

"그것도 문제예요? 물건이 싸지면 좋은 거 아닌가요?"

"더 무서운 문제일 수 있어. 사람들이 '어차피 내일이면 더 싸질 텐데' 하는 생각에 소비를 계속 미루게 되거든. 이걸 '디플레이션

(Deflation)'이라고 해."

"아……. 그럼 기업들은 물건을 안 만들려고 하겠네요. 만들어 봤자 계속 가격이 떨어질 테니까요."

"그렇지! 기업은 투자를 줄이고 직원 채용도 꺼리게 되지. 그럼 사람들은 돈을 더 못 벌게 되고, 소비는 더더욱 위축되는 악순환에 빠지는 거야. 일본이 1990년대부터 20년 넘게 바로 이 디플레이션의 늪에 빠져 아주 힘든 시기를 보냈어. '잃어버린 20년'이라고 불리는 시대지."

"그래서 물가가 너무 오르지도, 내리지도 않고 완만하게 오르는 것이 가장 좋겠군요."

"맞아. 그래서 미국 연준 같은 전 세계 대부분의 중앙은행은 '연 2% 물가 상승'을 목표로 삼고 경제를 운영한단다. 100달러짜리 물건이 1년 뒤 102달러가 되는 정도로, 사람들이 부담을 느끼지 않으면서도 기업들이 투자를 이어가게 하는 '건강한 수준'으로 말이지."

아빠는 물가지표의 종류에 대해서도 덧붙여 설명해주셨다.

"사실 물가는 경제를 알아보는 정확한 지표 중 하나인데, 그 종류가 많아. 우리가 지금 얘기한 것은 '소비자물가지수(CPI)'이고, 이건 보통 후행지표로 분류되지. 하지만 이밖에도 해외에서 물건을 수입할 때의 '수입물가', 물건을 생산하는 영역에서 나타나는 '생산자물가', 그리고 '수출물가'도 있어. 이렇게 종류에 따라 일부는 선행지표로도 분류된단다. 예를 들어, '생산자물가지수(PPI, Producer Price Index)' 같은 지표 말이야. 물건을 생산할 때 필요한 재료 가격이 이미 비싸졌다면, 앞으로 우리 경제가 어떻게 될지 그 모습을 예측해볼 수 있겠지?"

"아, 그렇군요. 이제 왜 연준 같은 중앙은행이 물가에 그토록 신경을 쓰는지 확실히 알 것 같아요."

인플레이션의 원인들: 왜 물가가 오를까?

"이건 정말 기본적인 질문인데요. 물가는 도대체 왜 오르는 거예요? 누가 일부러 올리는 건가요?"

"아주 좋은 질문이야. 인플레이션, 즉 물가가 오르는 이유는 크게 세 가지로 설명할 수 있어. '수요견인 인플레이션', '비용상승 인플레이션', 그리고 '통화량 증가'야."

"헉, 단어들이 너무 어려워요."

"괜찮아, 하나씩 풀어서 설명해줄게."

"첫째, '수요견인 인플레이션'이야. 이건 말 그대로 '수요(사는 힘)'가 물가를 끌어올린다는 뜻이야. 물건의 양은 그대로인데 사람들이 그걸 사려고 아우성치니 가격이 오르는 거지. 예를 들어, 인기 가수의 콘서트 티켓을 생각해봐. 좌석 수는 한정되어 있는데 보고 싶어 하는 팬들이 너무 많으니까, 티켓 가격이 원래보다 훨씬 비싸게 거래되잖아? 2020년 코로나 팬데믹 때 정부가 사람들에게 지원금을 주자, 갑자기 늘어난 수요를 상품 공급이 따라가지 못해 물가가 올랐던 것도 같은 원리란다."

"둘째, '비용상승 인플레이션'이 있어. 이건 물건을 만드는 데 필요한 비용(원재료, 인건비, 운송비 등)이 올라서 최종 상품 가격이 오르는 경우야. 예를 들어, 국제 유가가 오르면 트럭 운송비가 비싸지고, 공장을 돌리는 비용도 올라가겠지? 그럼 그 비용이 결국 우리가 사는 모든 물건의 가격에 반영되는 거야. 2022년 러시아-우크라이나 전쟁이 터졌을 때 이런 현상이 나타났어."

"전쟁 때문에 기름값이 올랐던 거예요?"

"맞아. 러시아는 세계적인 석유와 천연가스 생산국인데, 전쟁과 그에 따른 경제 제재로 러시아산 에너지 공급이 크게 줄었어. 전 세계적으로 에너지 공급이 부족해지니 가격이 폭등했고, 이것이 다른 모든 물건의 가격을 끌어올리는 도화선이 된 거란다."

"셋째, '통화량 증가' 때문이야. 아주 간단해. 시중에 돈이 너무 많이 풀려서 돈의 가치가 떨어지는 현상이지."

"돈이 많아지면 좋은 거 아니에요? 왜 가치가 떨어져요?"

"세상 모든 것의 가치는 '희소성'에서 나와. 다이아몬드가 비싼 이유는 희귀하기 때문이고, 길가의 돌멩이가 가치가 없는 건 너무 흔하기 때문이지. 돈도 똑같아. 중앙은행이 돈을 너무 많이 찍어내서 시중에 돈이 흔해지면 돈의 가치가 떨어지고, 어제 1,000원 주고 사던 과자를 사려면 이제 2,000원을 내야 하는 상황이 오는 거야. 2020년 코로나 위기를 극복하기 위해 미국 정부와 연준이 엄청난 양의 돈을 시중에 풀었는데, 이것이 2021년과 2022년에 나타난 극심한 인플레이션의 중요한 원인 중 하나로 꼽힌단다."

🔍 인플레이션의 종류

수요견인 인플레이션(Demand-Pull Inflation): 총수요가 총공급을 초과할 때 발생. 경기 호황기나 정부의 확장적 재정정책 시기에 주로 나타납니다. '너무 많은 돈이 너무 적은 상품을 쫓는' 상황이에요.

비용상승 인플레이션(Cost-Push Inflation): 생산비용 상승으로 인해 발생. 원자재 가격 상승, 임금 상승, 에너지 가격 상승 등이 원인입니다. 공급 충격(Supply Shock)이라고도 불려요.

통화량 증가 인플레이션: 중앙은행의 과도한 통화 공급으로 인해 발생. 밀턴 프리드먼의 "인플레이션은 언제나 화폐적 현상"이라는 말로 유명합니다.

기대심리로 투자 시기 읽기

기대심리가 본격적으로 가동되면

"그런데 아빠, 이런 경제 지표들이 좋게 나오면 항상 주식 시장도 오르는 거예요?"

"반드시 그렇지는 않아. 최근에도 기업들 실적이 발표되고 있는데, 성적이 꽤 괜찮았어. 그런데 좋은 실적을 발표했음에도 불구하고 오히려 주가가 폭락하는 기업들이 많았단다."

"네? 실적이 좋은데 왜 주가가 떨어져요?"

"시장은 그보다 '더' 좋은 실적을 기대했기 때문이야. 바로 '기대심리'와 현실의 차이 때문이지."

"기대심리요?"

"모든 투자는 현재가 아닌 미래에 거는 것이거든. 사람들은 '앞으로 더 좋아질 거야'라는 기대감이 있을 때 주식을 사고, '이제 나빠질 거야'라는 불안감이 들면 팔려고 해. 그리고 시장은 이미 알려진 좋은 소식보다, 미래에 일어날 더 좋은 일을 상상하며 움직인단다. 예를 들어, 시장 참여자들이 모두 '이번 시험에서 A+'를 받을 거라고 기대했는데, 막상 성적표를 받아보니 'A'였다고 해보자. A도 훌륭한 성적이지만, 기대에 미치지 못했다는 실망감에 오히려 주가가 떨어질 수 있는 거야."

"아, 그럼 투자자들은 항상 미래를 예측하고, 시장의 기대치보다 더 앞서나가야 하는 거네요."

"맞아. 그리고 그 흐름을 남들보다 먼저 읽어야 해. 세상의 모든 똑똑한 투자자들이 같은 뉴스와 지표를 보고 있거든. 그들은 경제지표가 발표되기도 전에 이미 그 결과를 예측하고 자신의 돈을 먼저 움직인단다. 모두가 '좋다'고 알게 되었을 때는, 이미 주가에 그 기대감이 반영되어 있는 경우가 많지."

나는 한숨을 쉬었다. "세상에 똑똑하고 부지런한 사람들이 정말 많네요……."

아빠가 내 어깨를 다독이며 말씀하셨다.

"그래서 투자가 어려운 거야. 끊임없이 공부하고 노력하지 않으면 뒤처지게 되고, 한번 뒤처지면 그 흐름을 따라잡기 위해 몇 배로 노력해야 하거든. 뉴욕 월스트리트(Wall Street)에서 일하는 사람들은 이걸로 먹고사니까, 얼마나 필사적으로 시장의 기대심리를 읽으려고 노력하겠니? 그 치열한 노력들이 모여 거대한 투자의 세계를 만들어가는 거란다."

실제 사례로 보는 기대심리의 힘

"실제 예를 들어볼까? 2020년 코로나19가 처음 터졌을 때를 한 번 생각해 보자."

"그때는 제가 중학생이었는데, 학교도 못 가고 매일 집에만 있었죠. 세상이 곧 끝날 것처럼 정말 무서웠어요."

"맞아. 당시 발표되는 모든 경제 지표는 그야말로 최악이었어. GDP는 역성장을 기록했고, 실업률은 하늘로 치솟았지. 2020년 4월 미국의 실업률은 14.8%까지 올라갔는데, 이건 1930년대 대공황 이후 가장 나쁜 수치였단다."

"와, 정말 심각했네요."

"하지만 그때, 주식 시장은 어떻게 움직였을까?"

"엄청나게 떨어졌다가, 곧바로 다시 빠르게 올랐던 것 같아요."

"정확해. 2020년 3월, 시장은 공포에 질려 폭락했지만, 똑똑한 투자자들은 이미 그다음을 생각하기 시작했어. '정부와 중앙은행이 경제를 살리기 위해 역사상 유례없는 엄청난 돈을 풀 거야', '코로나가 끝나면 억눌렸던 소비가 폭발하며 경제가 빠르게 회복될 거야', '재택근무와 온라인 쇼핑이 일상이 되면서 기술주들은 오히려 더 크게 성장할 거야'라는 기대를 하기 시작한 거지. 그 결과, 주가는 V자 형태로 급반등했어."

"그럼 실제 경제 지표는 여전히 나쁜데도, 오직 미래에 대한 기대감만으로 주가가 올랐다는 거네요?"

"바로 그거야. 심지어 경제 지표가 전혀 회복되지 않은 상황에서도 테슬라(Tesla), 애플(Apple), 아마존(Amazon) 같은 주식들은 연일 사상 최고가를 경신했지. 테슬라 주가는 2020년 한 해에만 무려 743%나 올랐단다. 이것이 바로 '기대심리'의 무서운 힘이야."

"743%요? 정말 믿기지가 않네요."

"또 다른 재미있는 예는 2016년 도널드 트럼프(Donald Trump)가 대통령에 당선됐을 때야. 선거 전, 거의 모든 전문가는 '만약 트럼프가 당선되면 불확실성 때문에 주식 시장이 폭락할 것'이라고 예상했어. 실제로 선거 당일 밤, 트럼프의 당선이 유력해지자 주가 선물 지수가 급락하기도 했지."

"그런데 실제 결과는요?"

"정반대였어. 주가가 급등했지. 시장은 생각을 바꾼 거야. '트럼프가 기업의 이익을 대변하는 정책을 펼칠 거야', '법인세를 낮춰줄 거야', '불필요한 규제를 완화할 거야'라는 새로운 기대를 하기 시작했거든. 트럼프가 당선된 후 1년 동안 다우존스 지수는 25% 이상 상승했단다."

나는 비로소 이해했다.

"시장의 예측이 완전히 틀릴 수도 있고, 또 순식간에 바뀔 수도 있다는 거네요."

"그렇지. 그래서 '시장은 항상 현실보다 6개월에서 1년 앞을 내다보고 움직인다'고 하는 거야. 때로는 시장이 틀린 예측을 할 때도 있지만, 결국 투자는 현재의 숫자보다 미래의 꿈을 먹고 자란다는 것을 꼭 기억해야 한단다."

못다한 이야기 **성장 엔진을 알면 투자처가 보인다**

"갑자기 궁금한 게 생겼어요. 나라마다 경제가 성장하는 모습도 다른가요?"

"물론이지. 나라가 가진 산업 구조나 환경에 따라 성장하는 방식, 즉 성장 엔진이 달라. 크게 '수출 주도 성장', '내수 주도 성장', 그리고 '기술 혁신 주도 성장'으로 나눠볼 수 있어. 그리고 어떤 엔진으로 성장하느냐에 따라 유망한 투자처도 달라진단다."

1. 수출 주도 성장: "만들어서 팔자!"

"'수출 주도 성장'은 우리나라가 가장 잘하는 방식이야. 삼성전자의 스마트폰과 반도체, 현대자동차의 자동차, LG에너지솔루션의 배터리처럼 우리가 잘 만드는 물건을 외국에 많이 팔아서 돈을 버는 거지. 당연히 수출 실적이 늘어나면 관련 기업들의 주가도 좋은 성과를 보이는 경향이 있어."

"그럼 환율이 정말 중요하겠네요?"

"핵심을 짚었구나! 원화 가치가 다른 나라 돈에 비해 상대적으로 저렴하면(원화 약세/환율 상승), 우리 기업들이 만든 물건의 가격 경쟁력이 생겨서 수출에 유리해져. 예를 들어, 삼성이 스마트폰을 1,000달러에 팔 때 환율이 1달러당 1,300원에서 1,400원으로 오르면, 미국에서는 똑같은 1,000달러짜리 폰이지만 삼성은 원화로 더 많은 돈을 벌게 되거든."

"그래서 우리나라처럼 수출 의존도가 높은 나라는 환율과 세계 경제의 흐름을 함께 봐야 하는 거군요."

"맞아. 우리나라의 GDP 대비 수출 비중은 약 40% 수준으로, 미국(약 12%)이나 일본(약 18%)에 비해 훨씬 높아. 그래서 글로벌 경기가 좋지 않거나 환율 변동이 심할 때 주식 시장이 더 민감하게 반응하는 편이지."

2. 내수 주도 성장: "우리끼리 잘 먹고 잘 살자!"

"'내수 주도 성장'은 나라 안에서의 소비가 늘어나면서 경제가 성장하는 모델이야. 국민들이 자국 내에서 쇼핑을 많이 하고, 여행을 가고, 외식을 즐기면서 돈이 활발하게 도는 거지. 이럴 때는 유통, 여행, 음식료 같은 내수 소비 관련 기업들의 실적이 좋아진단다."

"미국이 대표적인 내수 주도 국가죠?"

"정답. 미국 GDP의 거의 70%가 개인 소비에서 나와. 그래서 '미국 소비가 살아나야 세계 경제가 산다'는 말이 있는 거야. 미국 소비자들의 지갑 사정이 좋아지면 월마트(Walmart), 아마존

(Amazon) 같은 유통 기업이나 맥도날드(McDonald's), 스타벅스 (Starbucks) 같은 소비재 기업들의 주가가 오르는 경향이 있지. 중국 역시 거대한 인구를 바탕으로 내수 시장의 힘이 점점 더 강해지고 있단다."

3. 기술 혁신 주도 성장: "세상을 바꾸는 기술에 올라타라!"

"'기술 혁신 주도 성장'은 이전에 없던 새로운 기술이 등장해서 산업 전체, 나아가 세상의 모습을 바꾸며 폭발적으로 성장하는 것을 말해. 1990년대의 인터넷, 2000년대의 스마트폰, 그리고 지금의 인공지능(AI)처럼 말이야."

"엔비디아(Nvidia)가 딱 그런 경우네요!"

"정확해. AI 시대가 열리면서 그 핵심 부품인 GPU를 만드는 엔비디아의 주가는 2023년 한 해에만 239%가 오르는 등 폭발적인 성장을 보였지. 이런 기술 혁신의 흐름을 미리 읽고 투자하면 엄청난 수익을 낼 수 있어."

"와……. 정말 대단하네요."

"하지만 명심해야 할 점은, 그만큼 위험도 크다는 거야. 기술이 우리의 기대만큼 발전하지 않거나, 더 뛰어난 경쟁 기술이 나타나면 거품이 순식간에 꺼지면서 주가가 폭락할 수도 있거든. 실제로 2000년대 초 '닷컴 버블'이 붕괴했을 때, 수많은 인터넷 관련 기업들이 사라졌고, 기술주 중심의 나스닥 지수는 최고점 대비 78%나

폭락하며 수많은 투자자에게 큰 아픔을 주기도 했단다."

 경제 성장의 유형별 투자 전략

수출 주도 성장 시기: 수출 기업(제조업, 해운업), 원자재 기업에 투자. 환율 약세 시 수출 기업에 유리. 한국, 독일, 일본 등이 대표적.

내수 주도 성장 시기: 소비재, 유통업, 서비스업에 투자. 소비자 신뢰지수와 소매판매 지표 주목. 미국, 중국 등이 대표적.

기술 혁신 주도 성장 시기: 신기술 관련 기업에 투자하되 높은 변동성 감안. 혁신 기술의 지속가능성과 수익성 모델 검토 필요.

균형 성장 시기: 여러 성장 동력이 고르게 작동할 때. 분산투자를 통해 안정적 수익 추구.

경제가 안 좋을 때는
투자하지 말아야 할까?

"경제가 나쁘다는 뉴스가 계속 나오면 어떻게 해야 해요? 투자한 돈을 빨리 빼야 하는 거 아니에요? 손해 보기 전에 도망쳐야 하는 거 아닌가요?"

"꼭 그렇지만은 않아. 오히려 모두가 공포에 떠는 경제 위기야말로, '좋은 자산을 싸게 살 기회'가 될 수도 있단다."

"어떻게요? 주가가 계속 떨어지면 너무 무서울 것 같은데…….
만약 제가 투자한 돈이 반 토막 나면 정말 속상할 것 같아요."

"투자의 대가 워런 버핏(Warren Buffett) 할아버지는 이런 명언을 남기셨지. '남들이 욕심을 낼 때 두려워하고, 남들이 두려워할 때 욕심을 내라'고 말이야. 모든 사람이 비관에 빠져 좋은 주식을 겁에 질려 내던질 때가, 바로 평소에는 비싸서 살 수 없었던 훌륭한 자산을 헐값에 주워 담을 기회가 온다는 뜻이야."

"하지만 정말로 경제가 계속 나빠지기만 하면 어떡해요?"

"물론 두렵지. 그 공포를 이겨내는 건 누구에게나 어려운 일이야. 하지만 길게 보면, 인류의 역사는 수많은 위기를 극복하고 결국 성장해왔어. 그리고 그 위기의 한복판에서 용기를 내어 씨앗을 심었던 투자자들은, 경기가 회복되었을 때 언제나 가장 달콤한 열매를 수확할 수 있었단다."

역사가 보여주는 위기와 기회

"실제로 역사를 보면 큰 위기마다 엄청난 기회가 있었어."

"어떤 위기들이요?"

"2008년 글로벌 금융위기 때 S&P500이 최고점에서 약 57% 떨어졌어. 2020년 코로나19 사태 때는 한 달 만에 약 34% 폭락했고. 2022년에는 인플레이션 우려 때문에 약 25% 하락했지."

나는 놀랐다.

"와, 정말 많이 떨어졌네요. 그때 투자한 사람들은 어떻게 됐어요?"

"당시로 돌아가서 생각해본다면, 문제는 과연 망가진 경제 상황이 나아질 것인지였을 거야. 상황이 너무 나빠 보이니까 모든 사람이 절망했겠지."

"2008년 금융위기는 정말 심각했어. 미국의 대형 투자은행인 리먼 브라더스가 파산하면서 시작된 위기였는데, 전 세계 금융시스템이 마비될 뻔했어. 사람들은 '이번엔 정말 끝이다', '대공황이 다시 온다'라고 생각했지."

"하지만 실제로는?"

"모든 위기가 회복됐어. 2008년 금융위기는 2009년 3월을 바닥으로 해서 계속 올라가기 시작했고, 2013년에는 위기 이전 최고점을 넘어섰어. 그리고 지금은 그때보다 몇 배나 더 올라가 있지."

"2020년 코로나 때는 더 빨랐어. 3월에 폭락했지만 연말에는 오히려 사상 최고치를 기록했지. 특히 기술주들은 재택근무, 온라인 쇼핑 붐과 함께 폭등했어."

"2022년 인플레이션 때는 어땠어요?"

"2022년 10월을 바닥으로 해서 2023년부터 다시 회복하기 시작했어. 특히 기술주들은 AI 붐과 함께 폭등했지. 엔비디아, 마이크로소프트, 애플 같은 주식들이 사상 최고치를 경신했어."

"그럼 그때 용기 내서 투자한 사람들은 큰돈을 벌었겠네요."

"맞아. 하지만 그때 투자하려면 정말 용기가 필요했을 거야. 모든 사람이 공포에 떨고 있을 때니까. 뉴스에서는 매일 '더 떨어질 거다', '경제가 망한다'는 얘기만 나왔거든."

역사는 반복된다

"그럼 과거의 위기들 속에서 어떤 공통적인 패턴 같은 것도 발견할 수 있나요?"

"어느 정도는 그렇지. 특히 투자자들의 심리 변화를 기준으로 살펴보면, 대부분의 위기는 비슷한 단계를 거쳐간단다. 바로 '충격 → 공포 → 절망 → 희망 → 회복'의 순서야."

아빠는 각 단계에 대해 자세히 설명해주셨다.

"첫 번째는 '충격' 단계야. 2008년 리먼 브러더스(Lehman Brothers) 파산, 2020년 코로나 팬데믹 선언, 2022년 러시아의 우크라이나 침공처럼, 예상치 못한 큰 사건이 터지면서 시장이 갑자기 급락하는 시기지."

"두 번째는 '공포' 단계란다. 사람들은 이성적인 판단을 잃고 패닉에 빠져서, 좋은 주식이든 나쁜 주식이든 가리지 않고 일단 팔고 보자는 '투매'를 시작해. 이때 주가는 기업의 본질적인 가치보다 훨씬 더 아래로 떨어지는 경우가 많아."

"세 번째는 '절망'의 단계야. 모든 사람이 '이번 위기는 이전과 달라. 정말 끝이다'라고 생각하게 돼. 뉴스에서는 매일 비관적인 전

망만 쏟아져 나오고, 더 이상 주식을 사려는 사람은 찾아보기 힘들어. 보통 이때가 시장의 가장 깊은 바닥일 때가 많단다."

"네 번째는 '희망'의 단계지. 아주 조금씩 긍정적인 신호들이 나타나기 시작해. 정부나 중앙은행의 위기 극복 대책이 효과를 보이고, 몇몇 기업들이 예상보다 좋은 실적을 발표하고…… 그러면 가장 용기 있는 투자자들이 바닥이라 판단하고 조심스럽게 주식을 사 모으기 시작한단다."

"마지막 다섯 번째는 '회복' 단계야. 경제가 본격적으로 다시 살아나면서 주가도 뚜렷한 상승세를 타게 돼. 이때는 이미 시장에 낙관론이 퍼져서, 대부분의 사람이 '아, 그때가 기회였는데……' 하고 뒤늦게 후회하게 되는 시기지."

"그럼 이론적으로는 '절망' 단계에서 사는 게 가장 좋겠네요?"
"맞아, 이론적으로는. 하지만 실제로는 그때가 가장 투자하기 어려운 순간이야. 온 세상이 곧 망할 것처럼 이야기하고, 내 눈앞에서는 주가가 매일같이 떨어지고 있으니까. 그 엄청난 공포와 비관론을 이겨내고 자신의 돈을 투입하려면, 정말 강한 믿음과 용기가 필요하단다."

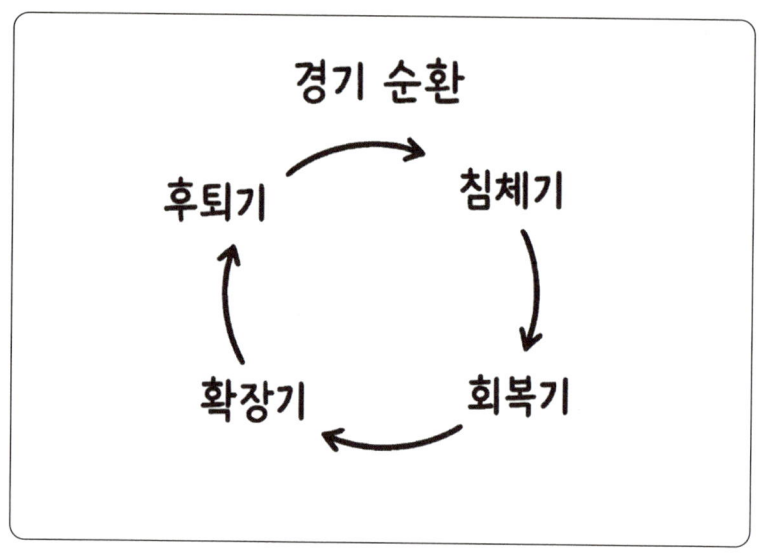

계절 같은 경기 순환

"투자자의 심리 변화처럼, 실제 경제 지표를 바탕으로도 경제의 흐름을 파악할 수 있단다. 특히 GDP 성장률을 보면 경제의 사이클을 알 수 있어. 마치 자연에 사계절이 있듯, 경제도 순환하거든."

"경제는 계절처럼 순환해요?"

"응. 따뜻한 봄과 뜨거운 여름, 쌀쌀한 가을과 추운 겨울이 반복되는 것처럼, 경제도 '회복기(봄) → 확장기(여름) → 후퇴기(가을) → 침체기(겨울)'의 순서로 순환하는 경향이 있어. 그리고 각 계절마다 우리가 다른 옷을 입듯, 투자 전략도 달라져야 한단다."

"먼저 '확장기'는 경제의 뜨거운 여름이라고 할 수 있어. GDP가 힘차게 성장하고, 기업들은 돈을 많이 벌고, 사람들은 소비를 늘리지. 실업률은 낮아지고 일자리는 넘쳐나. 이때는 모든 사람이 미래를 낙관하며 '앞으로도 계속 좋을 거야'라고 생각해. 주식 시장도 아주 뜨겁지."

"계속 여름이면 좋을 텐데, 왜 가을이 와요?"

"경제가 너무 뜨겁게 과열되면 부작용이 생기거든. 물가가 너무 가파르게 올라서 중앙은행이 경제를 식히기 위해 브레이크, 즉 '금리 인상'을 밟기 시작해. 그러면 돈을 빌리는 비용이 비싸지면서 기업들은 투자를, 사람들은 소비를 조금씩 줄이기 시작하지. 그렇게 여름의 절정이 지나고 서늘한 바람이 부는 '후퇴기'를 거쳐 '침체기', 즉 경제의 겨울이 찾아온단다. 기업들의 매출과 이익이 줄어들고, 일자리가 감소하고, 사람들은 지갑을 닫아. 주가도 하락하고 모든 사람이 미래를 비관적으로 보게 되지. 이때가 투자자들에게는 가장 춥고 어려운 시기야."

"그럼 계속 겨울만 계속되는 건가요?"

"아니야. 혹독한 겨울이 지나면 반드시 봄이 오듯, 침체기가 깊어지면 정부와 중앙은행이 경제를 살리기 위해 가만히 있지 않아. 얼어붙은 땅을 녹이려 노력하지. 금리를 낮추고, 세금을 줄여주는 등 다양한 정책을 통해 돈이 다시 돌게 만들어. 그러면 바닥을 찍고 경제는 서서히 '회복기'에 접어들고, 다시 따뜻한 여름을 향해 나아간단다."

아빠는 마지막으로 중요한 점을 짚어주셨다.

"이런 사계절의 흐름을 이해하는 투자자는, 모두가 움츠러드는 경제의 겨울, 즉 '침체기'를 두려워하기보다 '기회'로 볼 수 있어. 좋은 기업의 주식을 가장 싸게 살 수 있는 절호의 세일 기간이거든."

경기 순환의 길이와 특징

"경기 순환이 한 바퀴 도는 데는 보통 얼마나 걸려요?"

"과거의 기록을 보면 평균적으로 7년에서 10년 정도라고 말하지만, 이건 그야말로 평균일 뿐이야. 매번 사이클의 길이와 모습은 전혀 다르단다. 짧게는 2~3년 만에 끝나기도 하고, 길게는 10년 넘게 이어지기도 해. 실제로 1990년대 미국은 무려 10년 동안이나 경제가 확장되는 시기를 누렸어. 정해진 규칙은 없는 셈이지."

"왜 매번 기간이 다른 거예요?"

"위기를 불러온 근본적인 원인이 다르기 때문이야. 2008년 글로벌 금융위기는 탐욕으로 부풀려진 부동산 거품과 금융 시스템의 붕괴 때문이었고, 2020년의 위기는 코로나19라는 전염병 때문이었으며, 2022년의 어려움은 급격한 인플레이션과 그에 따른 금리 인상 때문이었지. 병의 원인이 다르면 치료법과 회복 기간이 달라지는 것과 똑같아."

아빠는 말씀을 이어가셨다.

"그리고 위기에 대처하는 정부와 중앙은행의 '대응 능력'도 아주 중요해. 2008년 금융위기 때는 1930년대 대공황 이후 처음 겪는 큰 위기라 초기 대응에 시행착오가 많았어. 하지만 2020년 코로나 위기 때는 2008년의 경험을 바탕으로 훨씬 더 빠르고 과감하게 대처할 수 있었단다."

"아, 그럼 앞으로 새로운 위기가 와도 과거의 경험 덕분에 더 빨리 회복될 수 있겠네요?"

"그럴 가능성이 높지. 인류는 항상 위기를 통해 배우고 발전해 왔으니까. 하지만 우리가 한 번도 겪어보지 못한 완전히 새로운 종류의 위기가 닥칠 수도 있어. 예를 들면, 국가 전산망을 마비시키는 거대한 사이버 공격이나, 기후 변화로 인한 대규모 자연재해, 혹은 인공지능 기술의 예기치 못한 부작용 같은 것들 말이야. 그런 새로운 위기에는 또 다른 새로운 해법이 필요하게 될 거란다."

🔍 경기 순환의 4단계

확장기(Expansion): GDP 성장, 고용 증가, 소비 활발, 주가 상승. 투자자들은 성장주와 경기민감주에 관심. 평균 지속기간 4-6년.

후퇴기(Peak): 경제 과열, 인플레이션 상승, 금리 인상 시작. 방어주와 안전자산으로 포트폴리오 조정 시기.

침체기(Recession): GDP 감소, 실업률 상승, 소비 위축, 주가 하락. 현금 보유 비중 확대, 우량주 저가 매수 기회.

회복기(Recovery): 경제 바닥, 정부 부양책 시행, 금리 인하. 적극적 투자 재개 시점, 회복 수혜주 발굴.

중앙은행은 투자의 알람시계

중앙은행이 움직이면 투자의 타이밍이 보인다

"예전에 아빠가 새벽에 일어나 TV 앞에서 긴장하며 지켜보던 파월 의장님 기억나니?"

"네, 미국 중앙은행인 연준 의장이시잖아요. FOMC 회의 결과를 발표할 때마다 잠도 안 주무시고 기다리셨죠."

"맞아. 경제가 겨울처럼 차갑게 식어버리면, 바로 그 중앙은행이 위기를 해결할 '구원투수'로 마운드에 올라선단다. 가장 대표적인 무기가 바로 '기준금리 인하'야."

"금리를 낮추는 게 어떻게 구원투수 역할을 해요?"

"금리를 5%에서 2%로 낮춘다고 상상해봐. 은행에서 돈을 빌릴 때 내야 하는 이자가 크게 줄어드니, 기업들은 부담 없이 돈을 빌려 공장을 짓거나 새로운 사업에 도전할 수 있게 돼. 개인들도 이자 부담이 줄어드니 집이나 자동차를 사기 쉬워지고. 얼어붙은 경제에 따뜻한 물을 부어주는 것과 같지."

"와, 정말 정확한 표현이네요!"

"만약 금리 인하만으로 부족하면, '양적완화(QE, Quantitative Easing)'라는 훨씬 더 강력한 무기를 꺼내 들기도 해."

"양적완화요? 단어가 너무 어려워요."

"중앙은행이 직접 시장에 나서서 국채 같은 채권을 대량으로 사들이면서, 시중에 현금을 직접 쏟아붓는 정책이야. 2008년 글로벌 금융위기 때 미국 연준이 역사상 처음으로 시도했는데, 위기 극복에 아주 큰 효과를 봤단다."

"어떻게 작동하는 건데요?"

"중앙은행이 시중 은행들이 가지고 있는 국채를 사주면, 은행들은 그 대가로 엄청난 현금을 받게 되겠지? 그럼 그 현금으로 다시 기업이나 개인에게 대출을 해주면서 시중에 돈이 돌게 만드는 거야. 또 중앙은행이 채권을 계속 사주니 채권 가격은 오르고, 반대로 채권 금리는 떨어져서 전반적인 시장 금리가 낮아지는 효과도 있고."

"금리가 낮아지니, 사람들이 은행 예금보다는 다른 곳에 투자

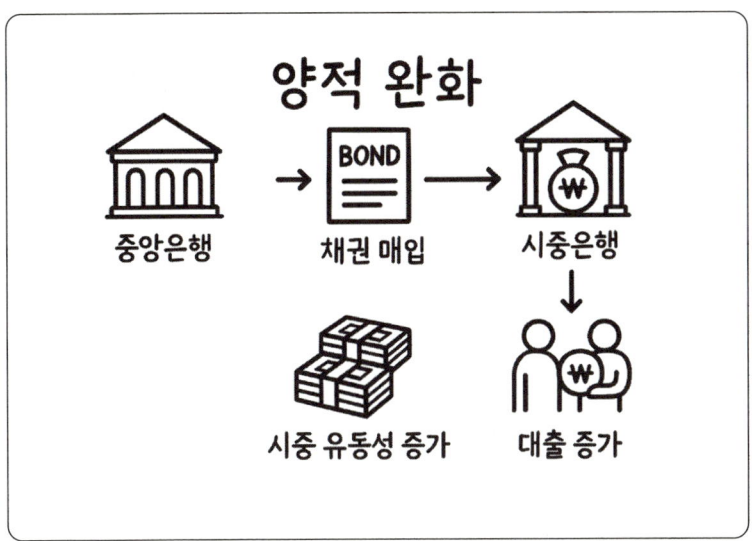

하려고 하겠네요?"

"바로 그거야! 낮은 금리에 만족하지 못하는 투자자들은 더 높은 수익을 기대하며 주식이나 부동산 같은 자산으로 눈을 돌리게 되지. 기업들도 저렴해진 이자로 돈을 빌려 사업을 확장할 수 있으니 실적이 좋아질 거란 기대가 커지고. 그래서 양적완화는 보통 주식 시장에 아주 큰 호재로 작용한단다. 아빠 같은 투자자들이 가장 주목하는 순간이지. 하하."

아빠는 과거의 사례를 들어주셨다.

"2008년 금융위기 때 연준은 QE1, QE2, QE3를 차례로 실시하면서 총 4조 달러가 넘는 돈을 풀었어. 2020년 코로나 위기 때는 더 빠르고 과감했지. 아예 '무제한 양적완화'를 선언했거든."

"무제한이요?"

"말 그대로, 경제가 안정될 때까지 필요한 만큼 무한정 돈을 풀겠다는 약속이었어. 그 결과 연준의 자산 규모가 위기 이전 4조 달러 수준에서 순식간에 9조 달러까지 불어났단다."

중앙은행의 딜레마: 인플레이션 vs 성장

"그렇게 돈을 무제한으로 막 풀면, 예전에 배운 것처럼 인플레이션이 생기는 거 아니에요?"

"정말 예리한 지적이야! 바로 그게 중앙은행이 가진 가장 큰 숙제이자 딜레마란다. 경기를 살리려면 돈을 풀어야 하는데, 너무 많이 풀면 물가가 폭등하는 부작용이 생기는 거지."

"그럼 어떻게 해야 해요?"

"중앙은행은 항상 '성장'과 '물가 안정'이라는 두 마리 토끼 사이에서 아슬아슬하게 줄타기를 해야 해. 미국 연준은 법적으로 이 두 가지 상반된 목표를 동시에 달성해야 하는 의무가 있는데, 이걸 '듀얼 맨데이트(Dual Mandate)'라고 부른단다. 마치 캠프파이어를 할 때, 불이 꺼지지 않도록 장작을 넣으면서도(성장), 불이 너무 커져서 모든 걸 태워버리지 않도록 물을 준비하는(물가 안정) 것과 같아."

"2020년 코로나 위기 때가 바로 그런 상황이었어. 당장 급한 불(경기 침체)을 끄기 위해 엄청난 양의 돈을 쏟아부었는데, 그 결과

2021년과 2022년에 40년 만에 최악의 인플레이션이라는 불길이 번진 거야. 그래서 연준이 부랴부랴 금리를 급격하게 올리며 불을 꺼야만 했지."

"그럼 중앙은행도 실수를 하는 거네요?"

"실수라기보다는, 중앙은행도 미래를 100% 정확하게 예측할 수는 없다고 보는 편이 맞아. 특히 코로나 팬데믹처럼 인류가 한 번도 겪어보지 못한 위기 상황에서는 더욱 그렇지. 그래서 일단 정책을 실행한 뒤, 그 결과를 계속 지켜보면서 미세하게 조정해나가는 거란다."

아빠는 마지막으로 정리해주셨다.

"하지만 한 가지 확실한 건, 중앙은행의 정책이 경제와 주식 시장에 엄청난 영향을 미친다는 사실이야. 그래서 투자자들은 중앙은행 총재의 말 한마디, 정책 하나하나에 그토록 집중하는 거지. 중앙은행의 움직임이 투자의 시작을 알리는 '알람시계'가 되기도 하지만, 그 알람이 항상 정확하지는 않을 수 있어. 결국 투자는 예측이 아니라 '대응'이라는 원칙은 여기서도 똑같이 적용된단다."

🔍 중앙은행의 통화정책 도구들

기준금리 조절: 경제가 과열되면 금리를 올려서 속도를 늦추고,

침체되면 금리를 내려서 활력을 불어넣습니다. 금리 변화는 대출, 예금, 투자, 소비 모든 영역에 영향을 미쳐요.

양적완화(QE): 시중에 유동성을 대량으로 공급하며 경기를 부양하고 시장 금리를 낮추는 통화정책을 의미합니다.

공개시장조작: 중앙은행이 국채를 사고팔면서 시중 유동성을 조절하는 방법. 국채를 사면 돈이 풀리고, 팔면 돈이 회수됩니다.

지급준비율 조절: 은행들이 중앙은행에 맡겨야 하는 돈의 비율을 조절해서 시중 유동성을 관리합니다.

포워드 가이던스(Forward guidance): 중앙은행이 미래 정책 방향을 미리 알려주는 것. 시장의 기대를 관리하는 중요한 도구예요.

투자는 언제 해야 하나

위기에는 투자를 하지 말아야 할까?

"그럼 경제가 안 좋을 때는 어떻게 투자해야 해요? 아예 투자를 안 하는 게 낫지 않을까요?"

"반드시 그렇지는 않아. 위기의 끝이 언제 올지 정확히 알 수만 있다면 가장 좋겠지만, 그건 불가능하거든. 그래서 위기 상황에서는 평소보다 더 신중하게 접근하는 몇 가지 전략을 사용한단다."

아빠는 차분한 목소리로 말씀을 이으셨다.

"우선 첫 번째로 생각해볼 수 있는 건 '방어적 투자'야. 경기가 나빠져서 사람들이 허리띠를 졸라매더라도, 어쩔 수 없이 계속 돈을 써야만 하는 것들이 있지? 그런 필수품을 만드는 회사에 투자하는 거야. 예를 들면 전기, 가스 같은 공공 서비스나, 식료품, 의약품, 휴지 같은 생필품 회사들이 여기에 해당해."

"아, 아무리 경제가 어려워도 밥은 먹어야 하고, 아프면 병원에 가고, 불은 켜고 살아야 하니까요."

"바로 그거야. 그래서 코카콜라(Coca-Cola), 프록터 앤드 갬블(P&G), 존슨 앤드 존슨(Johnson & Johnson) 같은 회사들은 경기 침체기에도 매출이 크게 줄지 않고 비교적 안정적인 모습을 보여. 이런 주식들을 '방어주(Defensive Stock)'라고 부른단다."

"그런데 위기 상황에서는 이런 방어주뿐만 아니라, 아주 훌륭한 우량 기업의 주식조차 이유 없이 덩달아 폭락하는 경우가 많아. 이것이 바로 두 번째 기회인 '가치주 투자'란다. 시장 전체가 공포에 휩싸였을 때 그 회사의 본질적인 가치보다 훨씬 싸게 거래되는 주식을 용기 내어 사두는 거지. 경제가 회복되기 시작하면, 이런 가치주들이 가장 먼저, 그리고 가장 가파르게 제자리를 찾아간단다."

"그런 회사는 어떻게 찾아요?"

"회사의 가치 대비 주가가 얼마나 저렴한지를 보여주는 여러 지표가 있어. 예를 들어, '주가수익비율(PER)'이 낮거나, 회사의 순자산 대비 주가를 나타내는 '주가순자산비율(PBR)'이 1보다 낮거나, 꾸준히 이익을 주주에게 나눠주는 '배당수익률'이 높은 주식들을 찾아보는 거야. 이런 주식들은 시장의 과도한 공포 때문에 '억울하게' 저평가되어 있을 가능성이 높거든."

"물론 주식 시장 자체가 너무 불안하다고 느껴질 때는, 잠시 돈을 피신시켜 둘 안전한 항구가 필요하겠지? 그럴 때 활용하는 것이 세 번째 전략인 달러나 금 같은 '안전자산'에 투자하는 거야. 경제가 불안해지면 전 세계의 돈이 가장 안전하다고 여겨지는 곳으로 몰리는 경향이 있거든. 달러는 '기축통화'라서 위기 때마다 가치가 오르는 경향이 있고, 각국 중앙은행도 비상금으로 달러를 가장 많이 보유할 정도니까. 그리고 금은 일전에 설명했듯이 오랜 역사를 보유한 안전자산이지. 그래서 지정학적 불안이 커질 때마다 가치를 주목받기도 하고. 그래서 이 두 자산을 대표적인 '안전자산'이라고 하고 위기 때 투자 전략의 중심에 서는 거란다."

위기 시 투자 전략

"더 자세히 얘기해주세요. 남들이 두려워할 때 투자하는 구체적인 방법이 궁금해요. 아빠는 위기 때마다 주로 어떤 분야에 투자하세요?"

"그건 위기의 성격에 따라 전혀 달라진단다. 모든 위기가 똑같지 않거든."

아빠는 위기의 종류에 따라 투자 아이디어가 어떻게 달라지는지 설명해주셨다.

"2008년과 같은 금융 시스템의 위기 때는 은행, 증권, 보험 같은 금융주들이 가장 큰 타격을 받아. 하지만 위기가 끝나고 금융 시스템이 다시 정상화될 때는, 바로 그 금융주들이 가장 빠르고 강하게 반등하는 모습을 보이기도 하지."

"2020년 팬데믹(전염병) 위기는 또 달랐어. 사람들이 집 밖으로 나갈 수 없게 되니 여행, 항공, 호텔, 레스토랑 같은 산업은 최악의 시기를 보냈지. 하지만 반대로 온라인 쇼핑, 음식 배달, 게임, 넷플릭스 같은 스트리밍 서비스 기업들은 역사상 가장 큰 기회를 맞았어. 아빠도 그때 아마존(Amazon) 같은 온라인 쇼핑 관련주에 투자를 많이 해서 좋은 성과를 냈단다."

"2022년과 같은 인플레이션 위기 때는 어땠을까? 돈의 가치가 떨어지니, 석유나 원자재 같은 실물자산을 가진 기업들이 상대적으로 좋은 성과를 보였어. 반대로 미래의 성장을 먹고사는 기술주들은 금리 인상기에는 어려움을 겪었지. 물론 '위기는 기회'라는 역발상으로, 바로 이럴 때 훌륭한 성장주를 싸게 사 모으는 전략을 생각할 수도 있단다. 단기적으로는 고통스럽겠지만 말이야."

"와······. 그럼 위기의 원인이 무엇인지 정확히 파악하는 게 가장 중요하겠네요."

"맞아! 그리고 그 위기가 '일시적인 충격'인지, 아니면 경제의 뼈대를 바꾸는 '구조적인 문제'인지를 구별하는 것도 아주 중요해. 코로나처럼 외부에서 온 일시적인 충격은 V자 형태로 빠르게 회복되지만, 2008년 금융위기처럼 시스템 내부에 쌓인 문제가 터진 구조적 위기는 회복에 아주 오랜 시간이 걸리거든."

아빠는 마지막으로 덧붙였다.

"그리고 우리가 앞에서 배운 것처럼, 위기에 대처하는 정부와 중앙은행의 대응 능력도 항상 함께 고려해야 해. 그들의 대응이 빠르고 적절하면 위기는 예상보다 빨리 끝날 수 있지만, 대응이 늦거나 방향이 잘못되면 위기는 더 길고 깊어질 수 있단다."

투자를 하면
위험할 때가 있다

"아빠, 그럼 경제가 좋든 나쁘든 항상 투자를 하고 있어야 하는 거예요? 투자를 절대로 하면 안 되는 때는 없어요?"

"물론 있어. 그리고 그건 시장 상황이 안 좋을 때보다 '나' 자신 이 준비되지 않았을 때가 투자하기 위험할 때란다. 투자하기 위험 할 때는 투자에 최소한의 '시간과 관심'을 기울일 수 없을 때란다."

"저는 항상 준비되어 있을 것 같은데요? 하하."

"예를 들어, 네가 대학에 가서 중요한 논문을 쓰거나, 매일 밤 을 새워야 하는 시험 기간이라고 생각해보자. 공부할 것이 산더미 처럼 쌓여 친구 만날 시간도 없는데, 과연 편안한 마음으로 투자 한 회사들을 살펴볼 수 있을까?"

나는 고개를 끄덕였다.

"아……. 그러고 보니 요즘 시험 기간에는 정말 다른 생각을 할 틈이 없더라고요. 제대로 확인도 못 하고 불안해하기만 할 것 같아요."

"정확한 지적이야. 투자는 씨앗을 '심고 나서 끝'이 아니라, '심고 나서 시작'이거든. 꾸준히 물을 주고 잡초를 뽑아주며 관심을 가져야 해. 내가 투자한 회사가 새로운 경쟁자를 만났는지, 속한 산업에 불리한 규제가 생겼는지 같은 변화들을 계속 확인하고 대응해야 하지. 적어도 일주일에 한두 번은 내가 투자한 회사들의 새로운 소식을 확인하고, 한 달에 한 번 정도는 전체 포트폴리오를 점검하는 시간이 필요해. 특히 미국 주식은 1월, 4월, 7월, 10월에 있는 '어닝 시즌'에는 더 주의를 기울여야 한단다. 이때는 내가 투자한 회사가 예상대로 돈을 잘 벌고 있는지, 앞으로의 계획은 무엇인지 꼼꼼히 확인해야 해. 주가가 가장 크게 움직이는 시기거든."

아빠는 말씀을 이으셨다.

"그리고 그렇게 시간을 내는 것만큼이나 중요한 두 번째 조건이 바로 충분히 '공부'하지 않았을 때야. 친구가 어떤 주식으로 돈을 벌었다는 말만 듣고, 혹은 그냥 회사 이름이 익숙하다는 이유만으로 '묻지마 투자'를 하는 것만큼 위험한 일은 없어."

"어느 정도까지 공부해야 하는데요?"

"'내가 왜 이 회사에 투자하는지' 스스로 명확히 설명할 수 있을 정도는 되어야 해. 이 회사는 무엇으로 돈을 버는지, 가장 강력한 경쟁자는 누구인지, 앞으로 어떤 기회와 위험이 있는지를 살펴야 해."

나는 반성했다.

"저는 테슬라가 전기차 만드는 회사고, 일론 머스크가 CEO라는 것 정도밖에 몰라요."

"그럼 테슬라에 투자하기 전에는 더 깊이 파고들어야 해. 전체 전기차 시장의 성장 전망은 어떤지, 테슬라만의 기술적 강점은 무엇인지, 현대자동차나 다른 경쟁사들은 어떤 전기차를 만들고 있는지, 배터리 기술이나 자율주행 기술은 어디까지 발전했는지 같은 것들을 말이야. 최소한 그 회사의 연차보고서, 즉 '10-K 보고서' 정도는 한번 읽어봐야 하고, 회사의 건강 상태를 보여주는 '재무제표'도 기본적인 항목들은 읽을 줄 알아야 한단다."

"재무제표요? 너무 어려울 것 같은데……."

"처음에는 낯설지만, 보다 보면 익숙해져. '매출과 순이익이 꾸준히 늘고 있는가?', '빚(부채)이 너무 많지는 않은가?', '비상시에 쓸 현금은 충분한가?' 같은 기본적인 정보조차 확인하지 않고 투자하는 건, 눈을 가리고 운전하는 것과 같단다. 예를 들어, 테슬라의 2025년 3분기 매출은 전년동기대비 12% 증가했으나 주당순이익이 시장 기대보다 낮은 0.5달러에 지나지 않았어. 하지만 에너지 부문에서 80% 성장했고, 현금 보유량이 무려 400억 달러를 넘어

섰거든. 이런 숫자들의 의미를 알 수 있어야 해."

아빠는 마지막으로 중요한 점을 짚어주셨다.

"그리고 개별 회사를 공부하는 것을 넘어, 그 회사가 속한 '산업의 큰 흐름'을 이해하는 것도 아주 중요해. 예를 들어, 반도체 회사에 투자한다면, 좋고 나쁨이 주기적으로 반복되는 '반도체 사이클'이 무엇인지, 지금이 '업사이클'인지 '다운사이클'인지, 그리고 '메모리 반도체'와 '시스템 반도체'의 차이는 무엇인지 정도는 알아야 한단다."

🔍 기본적인 재무지표들

PER(Price to Earnings Ratio): 주가를 주당순이익으로 나눈 값. 낮을수록 저평가, 높을수록 고평가. 업종별로 적정 수준이 다름.

PBR(Price to Book Ratio): 주가를 주당순자산으로 나눈 값. 1보다 낮으면 청산가치보다 싸게 거래되는 것.

ROE(Return on Equity): 자기자본이익률. 주주가 투자한 돈으로 얼마나 이익을 냈는지 보여줌. 높을수록 좋음.

부채비율: 총부채를 총자본으로 나눈 값. 낮을수록 재무구조가

안전함.

배당수익률: 연간 배당금을 주가로 나눈 값. 안정적인 현금흐름을 원하는 투자자에게 중요함.

"그리고 투자를 멈춰야 할 세 번째 상황은, 바로 내 마음이 '감정적으로 불안정할 때'야. 투자에 있어서 가장 큰 적은 시장의 등락이 아니라, 바로 우리 마음속에 있는 '감정'이거든."

"어떤 감정인데요?"

"가장 대표적인 것이 '욕심'과 '공포'지. 주가가 오르기 시작하면 '더 오를 거야!' 하는 욕심에 무리해서 돈을 끌어모아 더 사고, 반대로 주가가 떨어지기 시작하면 '이제 끝이야, 다 잃을 거야!' 하는 공포에 질려서 손해를 보고 팔아버리는 거야."

나는 고개를 끄덕였다.

"아, 저도 게임할 때 그런 적 있어요. 조금 이기고 있으면 '한 판만 더' 하다가 결국 다 잃고, 지고 있으면 본전 생각에 무리하다가 더 크게 잃고……. 결국엔 항상 후회하더라고요."

"투자는 그보다 훨씬 더 큰돈이 걸려 있으니 더 위험하겠지? 그렇게 감정에 휩쓸리면 항상 '비싸게 사서 싸게 파는' 최악의 실수를 반복하게 돼. 실제로 많은 연구 결과를 보면, 개인 투자자들의 평균 수익률이 시장 전체의 평균 수익률보다 낮은 경우가 많은데, 그 가장 큰 이유가 바로 이런 감정적인 매매 때문이란다."

아빠는 특히 한 가지를 강조하셨다.

"그래서 절대로, '잃으면 안 되는 돈'으로 투자해서는 안 돼. 생활비나 네 대학 학비처럼 말이야."

"왜요?"

"그런 돈으로 투자를 하면, 주가가 조금만 떨어져도 불안해서 밤에 잠도 못 자고 일상생활에 집중할 수 없게 돼. 결국 그 공포를 이기지 못하고 가장 좋지 않은 시점에 손해를 보고 팔게 되거든. 투자는 반드시 '여유 자금'으로만 해야 한단다."

"'여유 자금'이 정확히 뭐예요?"

"적어도 '앞으로 5년 동안은 쓸 일이 없는 돈'이라고 생각하면 좋아. 만약 그 돈이 전부 없어진다고 해도 내 생활에 큰 지장이 없을 정도의 돈이어야 하는 거야. 그래야 주가가 반 토막이 나더라도 '나는 좋은 기업과 동행하고 있으니, 다시 회복될 때까지 기다리면 돼'라는 마음으로 버틸 수 있거든."

"만약 네 대학 등록금 5만 달러를 주식에 투자했다가 입학 직전에 반 토막이 났다고 상상해봐. 기분이 어떨 것 같니?"

"상상만 해도 끔찍해요. 대학에 못 갈 수도 있잖아요."

"바로 그거야. 그래서 처음에 투자를 할 때는 '잃어도 괜찮은 돈'으로만 하는 거란다. 또한, 시험 기간이나 이사처럼 스트레스가

많은 시기에도 중요한 투자 결정을 내리지 않는 게 좋아. 스트레스
는 우리의 판단력을 흐리게 해서, 평소라면 절대 하지 않을 실수를
저지르게 만들거든. 투자는 내 마음이 가장 평온할 때, 가장 이성
적인 판단을 내릴 수 있을 때 해야 한단다."

아빠는 말씀을 이으셨다.

"다음으로 투자하기 위험한 네 번째 상황에 대해서도 설명해줄
게. '시장 타이밍'을 완벽하게 맞추려고 할 때도 투자는 아주 위험
해지지."

"타이밍이요?"

"응. 소위 말해 '가장 쌀 때 사서 가장 비쌀 때 팔겠다'는 생각
말이야."

나는 웃었다.

"그것만 할 수 있으면 완전 대박이겠네요. 그게 정말 안 되는 거예요?"

"그걸 완벽하게 맞힐 수 있는 사람은 이 세상에 단 한 명도 없어. 워런 버핏도, 현재 월 스트리트에서 가장 운용을 잘한다고 알려진 빌 애크먼(Bill Ackman)도 불가능한 일이야. 주식 시장의 진짜 바닥과 꼭대기는 항상 시간이 한참 지나고 나서야 '아, 그때가 바닥이었구나' 하고 알 수 있거든."

"정말요?"

"그럼. 오히려 완벽한 타이밍을 잡으려다 보면 최고의 기회를 모두 놓치게 돼. '조금만 더 떨어지면 사야지' 하고 기다리다가 상승장을 놓쳐버리고, '조금만 더 오르면 팔아야지' 하고 욕심을 내다가 하락장을 고스란히 맞게 되는 거지."

"실제로 여러 연구 결과를 보면, 시장 타이밍을 맞추려고 사고팔기를 반복하는 투자자의 수익률이, 그냥 좋은 주식을 사서 꾸준히 보유하는 투자자보다 훨씬 낮은 경우가 대부분이야."

"왜 그렇게 차이가 나요?"

"주식 시장의 가장 큰 상승이 아주 짧은 며칠 동안에 일어나기 때문이야. 예를 들어, 한 연구에 따르면 2009년부터 2019년까지 10년간 S&P 500 지수에 꾸준히 투자했다면 연평균 13%가 넘는 수익을 얻을 수 있었어. 하지만 그 기간 동안 가장 많이 올랐던

단 10일을 놓쳤다면, 수익률은 연 5%대로 반 토막이 나. 만약 가장 많이 올랐던 30일을 놓쳤다면, 수익률은 마이너스로 떨어지고 만단다."

"와, 겨우 며칠 빠졌을 뿐인데 그렇게까지 차이가 나요?"

"그래서 성공한 투자자들은 미래를 예측하는 '타이밍'보다, 시장의 변동성을 견뎌내는 '시간'을 훨씬 더 중요하게 생각해. 투자의 세계에는 이런 유명한 격언이 있단다. '시장의 타이밍을 맞추려는 노력(Timing the market)보다, 시장 안에 머무르는 시간(Time in the market)이 훨씬 더 중요하다'고 말이야."

"그리고 '언제 투자를 멈춰야 하는가'를 아는 것만큼, 어쩌면 그보다 더 중요한 투자의 절대 원칙이 하나 있단다. 바로 '빌린 돈'으로는 절대 투자하면 안 된다는 거야."

"왜요? 돈이 많으면 더 많이 벌 수 있는 거 아니에요?"

"정확히 말하면, 그건 전문가들의 영역이야. 아빠 같은 펀드매니저들은 복잡한 계산과 위험 관리 속에서 레버리지, 즉 빌린 돈을 활용하기도 하지만, 초보 투자자에게는 독이 될 수 있어. 수익이 날 때는 두 배로 기쁘지만, 손실이 날 때도 두 배로 고통스럽거든. 게다가 수익과 상관없이 꼬박꼬박 빌린 돈에 대한 이자도 내야 하고."

아빠는 구체적인 예를 들어주셨다.

"네게 1,000만 원이 있는데, 은행에서 1,000만 원을 더 빌려 총

2,000만 원으로 투자했다고 상상해보자. 만약 주가가 20% 오르면, 네 원금 대비 40%인 400만 원의 수익이 나니 정말 짜릿하겠지. 하지만 주가가 20%만 떨어져도 원금의 40%인 400만 원의 끔찍한 손실이 발생해. 여기에 빌린 돈에 대한 이자까지 내야 하는 건 덤이고."

"그것보다 더 무서운 건 '마진콜(Margin Call)'이라는 제도야."
"마진콜이요?"
"주가가 일정 수준 이상으로 떨어져 담보 가치가 부족해지면, 돈을 빌려준 증권사에서 '지금 당장 돈을 더 채워 넣든지, 아니면 우리가 가진 주식을 강제로 팔아버리겠다'고 통보하는 거야. 내 의지와 상관없이 최악의 가격에 주식을 팔아야만 하는 상황이 오는 거지."

나는 상상만 해도 아찔했다.
"그럼 손해를 보고 싶지 않아도 어쩔 수 없이 팔아야만 하는 거네요."
"그렇지. 2008년 글로벌 금융위기 때 수많은 사람이 바로 이 레버리지 투자로 파산했어. 집을 담보로 돈을 빌려 주식에 투자했다가, 주가 폭락과 마진콜을 맞고 평생 일군 집까지 잃은 사람들도 많았단다. 그래서 아무리 확실해 보이는 투자처라도, 빌린 돈으로 투자하는 건 절대 금물이야."
한국에서도 비슷한 일이 있었어. 2021년에 '영끌(영혼까지 끌어

모아 투자)'이라는 말이 유행할 정도로 많은 젊은이들이 큰 빚을 내서 주식이나 부동산에 투자했지. 하지만 2022년부터 금리가 가파르게 오르면서, 불어난 이자 부담과 자산 가격 하락이라는 이중고를 겪으며 아주 힘든 시간을 보내고 있단다. 물론 지금은 한국 주식도 주가가 많이 올라서 투자자 심리가 나아졌지."

못다한 이야기 ┃ 재무제표 읽기

"재무제표는 회사의 재무 상태를 보여주는 '성적표'나 '건강검진 결과표' 같은 거야. 처음에는 낯설지만, 몇 가지 핵심만 알면 생각보다 어렵지 않아. 재무제표는 보통 재무상태표, 손익계산서, 현금흐름표, 자본변동표 네 가지로 구성되는데, 그중에서 딱 세 가지만 제대로 볼 줄 알면 된단다."

1. 손익계산서(Income Statement): "그래서 얼마를 벌었나?"

"먼저 '손익계산서'는 회사의 '기간별 성적표'야. 일정 기간 동안 (보통 1년 또는 1분기) 얼마나 벌고 얼마나 썼는지, 그래서 최종적으로 얼마의 이익을 남겼는지를 보여주지. '매출', '영업이익', '순이익' 같은 항목이 여기에 나와 있어. 손익계산서를 보면 이 회사가 장사를 잘하고 있는지, 꾸준히 성장하고 있는지를 알 수 있단다."

2. 재무상태표(Balance Sheet): "재산은 얼마나 있나?"

"두 번째는 '재무상태표'야. 이건 특정 시점(예: 2025년 10월

13일)을 기준으로 회사의 '건강검진 결과표'라고 할 수 있어. 회사가 가진 총재산('자산')이 얼마인지, 그중 갚아야 할 빚('부채')은 얼마나 되는지, 그리고 빚을 다 갚고 남는 진짜 내 돈('자본')은 얼마인지를 보여줘. 재무상태표를 보면 이 회사가 재정적으로 얼마나 튼튼하고 안정적인지 알 수 있지."

3. 현금흐름표(Cash Flow Statement): "돈은 잘 돌고 있나?"

"마지막으로 '현금흐름표'는 회사의 '현금 가계부'야. 손익계산서 상으로는 흑자인데도 당장 쓸 현금이 없어서 어려움을 겪는 회사가 있거든. 현금흐름표는 실제로 회사에 현금이 얼마나 들어오고 나갔는지를 보여줘서, 회사가 정말 건강하게 돈을 벌고 있는지를 알려준단다."

"어떤 걸 가장 먼저 봐야 해요?"

"셋 다 중요하지만, 투자를 처음 시작하는 초보자라면 '손익계산서'부터 보는 게 좋아. 회사가 파는 물건이나 서비스가 인기가 있어서 '매출'이 꾸준히 늘고 있는지, 그리고 장사를 잘해서 '순이익'을 잘 내고 있는지를 기본적으로 알 수 있거든."

"그리고 재무상태표에서는 '부채비율'을 꼭 확인하는 습관을 들이렴. 빚이 너무 많으면 경기가 나빠졌을 때 이자 부담 때문에 위험해질 수 있어. 일반적으로 부채비율이 50% 이하면 재무적으로 매우 안전하다고 본단다."

나만의 투자 철학 만들기

"결국 투자의 성공은 시장의 타이밍을 맞추는 기술이 아니라, 얼마나 꾸준히 관심을 가지고 공부하느냐는 '태도'에 달려 있어."

"그럼 아빠만의 투자 철학은 뭐예요? 아빠가 항상 지키려고 하는 구체적인 원칙 같은 거요."

"앞서 분산투자, 장기투자, 지속적인 공부가 필요하다고 했잖아. 조금 더 자세히 얘기해볼까?"

"우선, 사람들의 생활을 더 편리하고 풍요롭게 만드는 위대한 회사에 장기 투자를 하려고 해. 그래서 아빠는 아마존, 애플, 마이크로소프트, 구글 같은 회사에 투자하는 거야."

"두 번째로 절대로 한곳에 모든 것을 걸지 않으려고도 하지. 즉, 분산투자 원칙을 철저히 지키는 거야. 아무리 확신이 드는 회사라도 그곳에만 모든 돈을 투자하지는 않아. 여러 회사, 여러 산업, 여러 국가에 자산을 나누어 투자해야 예상치 못한 위험이 닥쳤을 때 전체가 무너지지 않는단다."

"세 번째로는 어떠한 상황에서도 감정적으로 휘둘리지 않으려고 노력하지. 주가가 오른다고 너무 흥분해서 따라 사지도 않고, 주가가 떨어진다고 공포에 질려 팔지도 않아. 항상 한 걸음 물러서서 냉정하게 상황을 판단하려고 노력한단다."

"마지막으로 투자는 평생 공부라고 생각해. 세상은 계속 변하고, 새로운 기술이 등장하며, 경제 환경도 끊임없이 바뀌니까. 어제의 정답이 오늘은 오답이 될 수 있거든."

나는 곰곰이 생각해 보았다.
"그럼 저도 저만의 투자 철학을 한번 만들어볼까요?"
"정말 좋은 생각이야! 어떤 원칙을 세워보고 싶니?"
"음⋯⋯. '내가 매일 즐겁게 사용하고 좋아하는 제품을 만드는 회사에 투자한다'는 어때요? 제가 직접 써보고 정말 좋다고 느끼는 거니까요. 예를 들어, 매일 쓰는 아이폰을 만드는 애플이나, 주말마다 보는 넷플릭스 같은 회사요."

"아주 훌륭한 철학이구나! 전설적인 펀드매니저 피터 린치(Peter Lynch)도 바로 그런 말을 했어. '당신이 잘 아는 것에 투자하라(Invest in what you know)'고 말이야. 실제로 피터 린치는 아내가 애용하는 스타킹 브랜드나, 딸이 좋아하는 장난감 회사에 투자해서 엄청난 성공을 거뒀단다."

"정말요? 그럼 제 철학도 시작으로는 괜찮은 거네요!"

"물론이지. 최고의 시작이야. 거기에 우리가 지금까지 함께 배운 몇 가지 원칙들을 덧붙여보면 어떨까? 예를 들어, '충분히 공부한 후에 투자한다', '반드시 여유 자금으로만 투자한다', 그리고 '단기적인 변동에 흔들리지 않고 장기적으로 보유한다' 같은 원칙들 말이야."

못다한 이야기　유명 투자자의 철학 배우기

"다른 유명한 투자자들은 어떤 철학을 가지고 있어요?"

"훌륭한 질문이야. 위대한 투자자들의 철학을 배우는 것은, 거인의 어깨에 올라서서 더 넓은 세상을 보는 것과 같단다. 몇 분만 소개해줄게."

"벤저민 그레이엄(Benjamin Graham)은 워런 버핏의 스승이자 '가치 투자의 아버지'라고 불리는 분이야. 그의 철학은 '기업의 내재가치보다 훨씬 싸게 거래되는 주식을 사라'는 것이었지. 그리고 투자의 제1원칙으로 '안전마진(Margin of Safety)을 확보하라'고 강조했어."

"안전마진이요?"

"내가 계산한 기업의 진짜 가치가 100달러라면, 주가가 60달러나 70달러가 될 때까지 기다렸다가 사는 거야. 그러면 30~40달러의 '안전마진'이 생기지. 설령 내 분석이 조금 틀려서 실제 가치가 90달러였다고 해도, 나는 여전히 손해를 보지 않는단다. 실수를 해도 나를 지켜줄 수 있는 충분한 가격의 여유, 그게 바로 안전마진이야."

"존 보글(John Bogle)은 세계 최초의 인덱스 펀드를 만든 분인데, 철학은 아주 단순했어. '시장을 이기려고 애쓰지 말고, 시장 전체의 성장에 함께 올라타라.' 그는 대부분의 펀드매니저가 장기적으로 시장 평균 수익률을 이기지 못한다는 것을 증명했고, 따라서 가장 낮은 비용으로 시장 전체를 사는 '인덱스 펀드'가 개인 투자자에게 최고의 선택이라고 주장했지."

"레이 달리오(Ray Dalio)는 '어떤 날씨에도 대비할 수 있는 전천후 포트폴리오(All Weather Portfolio)를 만들어라'고 조언했어. 경제가 뜨거운 여름이든, 추운 겨울이든 상관없이 언제나 안정적인 성과를 낼 수 있도록 주식, 채권, 원자재 등 서로 다르게 움직이는 자산에 골고루 분산투자해야 한다는 뜻이야."

"찰리 멍거(Charlie Munger)는 워런 버핏의 평생의 파트너이자 현명한 조언자였어. 그는 그레이엄의 가치 투자를 한 단계 발전시켜 이런 말을 남겼지. '그저 그런 회사를 싼 가격에 사는 것보다, 훌륭한 회사를 적당한 가격에 사는 것이 훨씬 낫다.' 단순히 싸다는 이유만으로 투자하지 말고, 장기적으로 성장할 위대한 기업을 알아보는 눈을 길러야 한다는 뜻이야."

"이렇게 들어보니, 대가들의 철학에 공통점이 있는 것 같아요."

"오, 어떤 점이 그렇지?"

"모두 단기적인 예측보다는 '장기적인 관점'을 가지고 있는 것 같고, 수익을 내는 것만큼 '위험을 관리'하는 걸 중요하게 생각하는 것 같아요. 그리고 다들 엄청나게 '공부'를 많이 했겠죠?"

"바로 그거야. 방법은 조금씩 달라도, 결국 모든 위대한 투자는 그 세 가지 기둥 위에 서 있단다. 장기적인 안목, 철저한 위험 관리, 그리고 평생에 걸친 학습. 이 세 가지만 잊지 않는다면, 누구나 훌륭한 투자자가 될 수 있을 거야."

🔍 유명 투자자들의 철학

워런 버핏: "내가 이해할 수 있는 좋은 기업을 합리적인 가격에 사서 오랫동안 보유한다. 시장은 단기적으로는 투표기계이지만 장기적으로는 체중계다."

피터 린치: "내가 잘 아는 분야의 회사에 투자하고, 스토리가 간단한 회사를 선택한다. 복잡한 회사보다는 단순한 회사가 좋다."

벤저민 그레이엄: "내재가치보다 싸게 거래되는 주식을 찾아 투자한다. 안전마진을 확보하는 것이 가장 중요하다."

존 보글: "시장을 이기려고 하지 말고 시장과 함께 가라. 낮은 비용의 인덱스 펀드가 최고의 투자다."

레이 달리오: "모든 날씨에 잘 작동하는 포트폴리오를 만들어라. 분산투자가 투자의 성배다."

찰리 멍거: "훌륭한 기업을 적당한 가격에 사는 것이 적당한 기업을 싼 가격에 사는 것보다 낫다."

투자 타이밍의 진실

아빠와의 대화를 통해, 나는 투자의 세계에 대해 정말 많은 것을 배웠다.

경제가 좋을 때는 성장의 파도에 올라탈 기회가 되고, 경제가 나쁠 때는 좋은 자산을 싸게 살 수 있는 기회가 된다는 것. 하지만 그 모든 기회보다 더 중요한 것은, 바로 나 자신이 얼마나 준비되어 있느냐는 것이었다.

충분한 시간과 관심을 가지고 꾸준히 공부하는 '성실함', 시장의 소음에 휘둘리지 않는 '평정심', 그리고 나만의 원칙을 세우고 지켜나가는 '뚝심'. 아빠는 내게 투자의 기술이 아닌, 삶의 지혜와도 같은 투자의 '태도'를 가르쳐주셨다. 투자는 100미터 단거리 달리기가 아니라, 평생에 걸쳐 묵묵히 걸어가야 하는 마라톤이라는 마음가짐을 갖는 것. 그것이 모든 것의 시작이었다.

아빠의 말씀처럼, 자본주의의 심장인 미국에서 생활하며 나 역시 돈이 우리에게 더 많은 선택지와 기회를 준다는 것을 매일 느낀다. 그런 평범한 생각을 하는 나도 이 정도인데, 뉴욕 월스트리트의 전문가들은 얼마나 필사적으로 시장을 읽으려고 노력할까? 그 치열한 세상에서 나만의 중심을 잡기 위해서는, 결국 철저한 준비와 꾸준한 노력 외에는 왕도가 없음을 깨달았다.

하지만 더 이상 투자가 막연히 두렵지는 않다. 차근차근 공부하고, 아주 작은 돈으로 시작하고, 넘어지는 실수를 통해 배우며 나아가면 된다. 투자는 마라톤이니까. 오늘 내가 심은 작은 묘목이 10년, 20년 뒤에는 가족 모두가 쉴 수 있는 큰 그늘을 만들어줄 것이라 믿는다.

그리고 무엇보다 중요한 것은, 투자를 통해 돈을 버는 결과도 중요하지만, 그 과정에서 경제의 흐름을 이해하고, 세상을 보는 넓은 눈을 기르며, 인내심과 통찰력을 키워나가는 것 그 자체가 아닐까. 이런 것들은 결코 돈으로 살 수 없는, 내 인생의 소중한 자산이 될 것이다.

PART 3

어떻게 투자를 해야 하나?

계란은 한 바구니에
담지 말자

작년에 내가 기숙사에 들어가기 전, 아빠가 조지아몰(Mall of Georgia)에서 필요한 것들을 사주셨던 일이 있다. 아빠는 장바구니에 우유, 빵, 과일과 학용품을 골고루 담으셨지만, 솔직히 내 마음은 온통 과자 코너에 가 있었다.

"아빠, 저는 왜 이렇게 과자만 사고 싶을까요? 아빠처럼 이것저것 골고루 사는 게 더 좋은 건가요?"

내 질문에 아빠는 웃으시며 되물으셨다.

"글쎄, 만약 네가 사고 싶은 대로 과자만 가득 사서 그것만 먹으면 어떻게 될까?"

"음……. 당장은 맛있고 배부르겠지만, 분명 영양 불균형으로 건강이 나빠지겠죠. 그리고 아마 금방 질릴 것 같아요."

아빠와 함께 투자에 대한 긴 이야기를 나누고 나니, 문득 그때의 일이 다시 떠올랐다. 장바구니를 채우는 것과 투자를 하는 것이 어딘가 닮아 있다는 생각이 들었다.

투자도 장보기와 정말 비슷한 것 같았다. 아무리 맛있어 보여도 과자만 잔뜩 사는 것은 편식이고, 건강을 해치는 위험한 선택이다. 마찬가지로, 아무리 좋아 보이는 한 가지 주식에만 모든 돈을 투자하는 것도 결국 '투자 편식'이며, 예기치 못한 위험이 닥쳤을 때 내 모든 자산을 위험에 빠뜨릴 수 있다.

내 생각이 얼굴에 드러났는지, 아빠가 미소를 지으며 덧붙이셨다.

"세상에 '100% 확실한' 투자란 없거든. 아무리 잘나가는 회사라도 언제든 예상치 못한 변수가 생길 수 있어. 그렇기 때문에 처음부터 위험에 대비하는 것이 중요하단다. 여러 자산에 나눠 투자하되, 경제의 계절이 바뀔 때마다 옷을 갈아입듯 상황에 맞게 그 비중을 조절하는 지혜가 필요한 거지."

투자 장바구니 구성하기

다음 날 아침, 나는 식탁에서 커피를 내리시는 아빠께 더 자세한 설명을 부탁드렸다.

"아빠, 그럼 투자 장바구니에는 어떤 것들을 골고루 담아야 해요?"

"지우가 그걸 물어보는 걸 보니 이제 본격적으로 '어떻게'에 대한 이야기를 할 때가 된 것 같네. 일전에도 한참 얘기했지? 투자의 세계에는 우리가 꼭 알아야 할 세 가지 주요 자산 그룹이 있단다. 바로 성장을 담당하는 '주식', 안정성을 담당하는 '채권', 그리고 위험을 방어하는 금, 원유 같은 '대체자산(상품)'이지. 이 세 가지는 각자 성격과 역할이 전혀 다르기 때문에, 골고루 섞어 담으면 어떤 상황에서도 내 자산을 튼튼하게 지킬 수 있어."

아빠는 웃으며 테이블 위에 냅킨을 펼치시더니, 펜으로 무언가를 그리면서 주요 자산에 대한 설명을 다시 해주셨다.

"첫 번째 조각인 '주식'은 우리가 앞에서 배운 대로 회사의 성

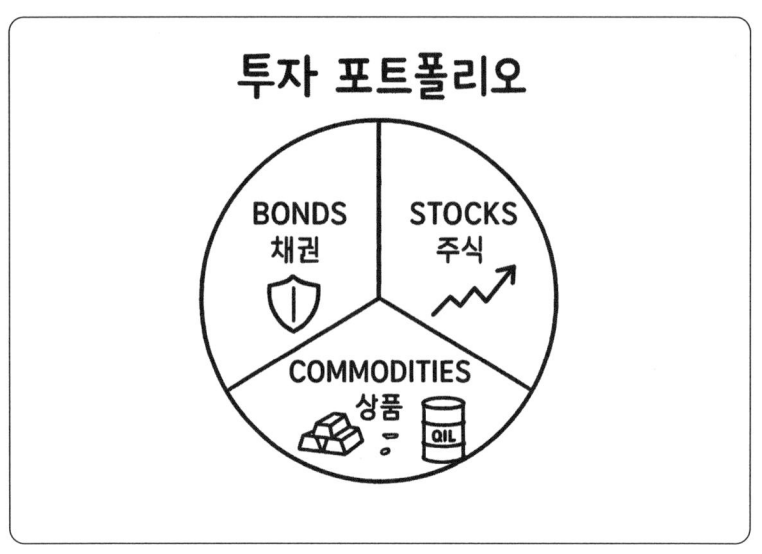

장에 함께 참여하는 '소유권'이야. 경제의 여름처럼 경기가 좋을 때
는 가장 높은 수익을 안겨줄 수 있지만, 반대로 겨울이 오면 가장
크게 떨어질 수도 있지. 마치 짜릿하지만 때로는 아찔한 롤러코스
터와 같아. 기업들이 돈을 많이 벌 것이라는 기대감이 넘칠 때 주
가는 힘차게 올라가고, 반대로 경제가 어려워지면 그 기대감이 식
으면서 빠르게 하락할 수 있단다."

나는 고개를 끄덕였다. 주식의 변동성이 크다는 의미를 확실히 이
해할 수 있었다. 아빠는 이어서 방패의 두 번째 조각을 설명하셨다.

"두 번째 조각인 '채권'은 주식의 변동성을 보완해주는 '안전벨
트'와 같아. 정부나 회사에 돈을 빌려주고 약속된 이자를 꼬박꼬박
받는 차용증이니까, 롤러코스터처럼 움직이는 주식과 달리 비교적

안정적이지. 물론 그만큼 기대수익률은 주식보다 낮아."

아빠는 채권의 중요한 역할을 다시 한번 강조했다.

"만약 회사가 망하는 최악의 상황이 오더라도, 채권에 투자한 사람이 주식에 투자한 사람보다 먼저 돈을 돌려받을 권리가 있어. 특히 나라가 발행한 '국채'는 거의 떼일 염려가 없지. 그래서 주식 시장이 하락할 때 채권은 내 자산 가치가 무작정 떨어지는 것을 막아주는 중요한 방어 역할을 한단다. '함께' 담아야 하는 이유를 꼭 기억하렴, 지우야."

"마지막 세 번째 조각은 금, 석유 같은 '대체 자산(상품)'이야. 이건 주식이나 채권과는 또 다른 성격을 가진 특별 부대지. 이런 실물 자산들은 보통 물가가 아주 심하게 오르는 인플레이션 시기나, 전쟁처럼 예측 불가능한 위기가 닥쳤을 때 가치가 오르는 경향이 있어. 특히 금은 대표적인 '안전자산'으로, 경제에 대한 불안감이 극에 달해 주식과 채권이 모두 하락할 때 홀로 빛을 발하며 상승하는 경우도 있단다."

아빠는 더 구체적으로 설명해주셨다.

"예를 들어, 전쟁이 나거나 큰 경제 위기가 오면 사람들은 종이 돈보다 수천 년간 가치를 인정받아 온 '금'을 사려고 몰려들지. '석유'는 모든 산업을 움직이는 피와 같은 에너지원이고, '농산물'은 우리 모두가 먹고살기 위해 반드시 필요한 것이잖아. 이런 실물 자산들은 위기 상황에서 그 가치가 더욱 부각된단다."

 자산배분(Asset Allocation)

자산배분이란 투자 자금을 주식, 채권, 상품 등 서로 다른 특성을 가진 자산에 적절한 비율로 나누어 투자하는 전략입니다. 예를 들어 투자 자금의 60%는 주식에, 30%는 채권에, 10%는 상품에 투자하는 식으로 말이죠. 이렇게 하면 한 자산의 가격이 떨어져도 다른 자산이 올라서 전체적인 손실을 줄일 수 있습니다. 나이가 젊을수록 주식 비중을 높이고, 나이가 들수록 채권 비중을 높이는 것이 일반적입니다.

각각의 자산이 서로 다른 성격을 가졌으니, 하나가 떨어져도 다른 것이 올라주면서 균형을 맞출 수 있겠구나 싶었다. 하지만 나는 여전히 풀리지 않는 의문이 생겼다.

"아빠, 그런데 주식, 채권, 상품이 모두 동시에 떨어질 수도 있는 거 아니에요? 그럼 분산투자를 해도 소용없는 거잖아요."

"아주 날카로운 지적이야. 그리고 실제로 그런 일이 일어나기도 한단다. 2008년 글로벌 금융위기처럼 거대한 시스템 위기가 닥치면, 투자자들이 겁에 질려 모든 자산을 팔아치우면서 거의 모든 것이 동시에 하락하는 극단적인 상황이 발생할 수 있어. 하지만 그런 경우는 역사적으로 매우 드물고, 대부분의 기간 동안 이 세 가지 자산 그룹은 서로 다른 방향으로 움직인단다. 그래서 분산투자가 여전히 우리 자산을 지키는 가장 중요한 원칙인 거야."

아빠는 바로 최근의 구체적인 예시를 들어주셨다.

"바로 2022년만 봐도 그래. 그해에는 수십 년 만에 최악의 인플레이션과 급격한 금리 인상 충격으로, 아주 이례적으로 주식과 채권이 함께 큰 폭으로 떨어졌어. 많은 투자자가 고통스러운 시간을 보냈지."

"그럼 그때는 분산투자가 실패한 거네요?"

"아니, 그렇지 않아. 주식과 채권이 힘을 못 쓰는 동안, 다른 자산이 제 역할을 해주었단다. 바로 '상품'이었지. 2022년 초 러시아-우크라이나 전쟁이 터지면서 석유와 밀 같은 에너지, 농산물 가격이 폭등했거든. 만약 그때 주식과 채권뿐만 아니라 상품에도 골고루 투자한 사람이 있었다면, 주식과 채권에서 발생한 손실의 상당 부분을 만회하며 자신의 '포트폴리오 방패'를 훌륭하게 지켜낼 수 있었을 거야."

위험을 줄이는 지역별 분산투자

며칠 후, 아빠는 내 '포트폴리오 방패'를 더욱 튼튼하게 만들어 줄 또 다른 중요한 개념을 가르쳐주셨다.

"지금까지 우리는 주식, 채권, 상품이라는 '자산 종류'를 나누는 법을 배웠지? 이제는 '투자 지역'도 분산해야 한단다. 즉, 미국 주식만 사는 것이 아니라 한국, 유럽 그리고 성장 잠재력이 큰 신흥국 주식도 조금씩 섞는 거야."

"왜요? 지금까지는 미국 시장이 가장 크고 좋다고 하셨잖아요."

"미국이 세계 경제의 중심인 것은 맞지만, 언제나 전 세계 수익률 1등을 차지하는 건 아니야. 시대의 흐름에 따라 때로는 한국이나 유럽이, 또 어느 때는 신흥국 시장이 미국보다 훨씬 더 좋은 성과를 낼 때가 있거든. 그리고 여러 나라에 투자하면 자연스럽게 '환율 위험'도 줄일 수 있고."

아빠는 구체적인 예시를 들어주셨다.

"실제로 2000년대 초반에는 중국, 인도, 브라질 같은 '신흥국'들이 폭발적으로 성장하면서, 이들 국가의 주식 시장이 미국 주식보다 훨씬 더 높은 수익률을 기록했단다. 만약 그때 미국 주식만 가지고 있던 투자자라면, 전 세계적인 성장의 과실을 온전히 누리지 못했을 거야. 그리고 올해도 가을까지 미국, 유럽 주식들도 성과가 좋았지만, 한국 코스피는 무려 70%나 올랐어. 지역별 자산배분을 해야 하는 이유지."

"환율 위험은 뭐예요? 달러로 가지고 있으면 좋은 거 아니었어요?"

"물론 달러는 안전자산이지만, 가치가 항상 오르기만 하는 건 아니야. 지우가 지금은 미국 달러로 용돈을 받아 생활하지만, 나중에 한국으로 돌아와 원화로 생활하게 될 수도 있잖아? 그런데 그때 만약 달러의 가치가 원화 대비 크게 떨어져 있다면(환율 하락), 미국 주식으로 아무리 돈을 많이 벌었어도 원화로 바꿀 때 손해를 볼 수 있어. 하지만 그때 한국 주식이나 원화 자산도 함께 가지고 있었다면, 이런 환율 변동의 위험을 상당 부분 줄일 수 있단다."

나는 점점 투자가 단순하지 않고 복잡하다는 생각이 들었다. 하지만 동시에, 이렇게 체계적으로 원칙을 세워 접근하면 예측 불가능한 위험들을 상당히 줄일 수 있다는 것도 이해하기 시작했다. 투자는 결국 확률 게임이며, 나는 그 확률을 나에게 유리하게 만드는 법을 배우고 있었다.

🔍 지역별 분산투자(Geographic Diversification)

지역별 분산투자는 투자 자금을 여러 국가나 지역에 나누어 투자하는 전략입니다. 각 국가와 지역은 서로 다른 경제 사이클을 가지고 있어서, 한 지역이 부진할 때 다른 지역이 좋은 성과를 낼 수 있습니다. 또한 환율 변동 위험도 줄일 수 있습니다. 다만 해외투자 시에는 환율 위험, 정치적 위험, 정보 접근의 어려움 등을 고려해야 합니다.

주식도 분산투자해야 안전하다

며칠 후, 나는 아빠께 또 다른 질문을 드렸다.

"아빠, 그럼 주식 투자를 할 때도 분산투자를 해야 해요? 저는 테슬라, 마이크로소프트, 애플처럼 제가 좋아하는 주식 몇 개만 사면 안 되나요?"

"아주 중요한 질문이야. 그 세 회사가 정말 훌륭한 기업인 것은 맞지만, 그렇게 몇몇 회사에만 모든 돈을 투자하는 건 여전히 위험하단다. 만약 갑자기 애플에 예상치 못한 문제가 생기면 네 전체 투자금이 흔들릴 수 있잖아. 그래서 다시 한 번 강조하지만, 여러 바구니에 계란을 나눠 담는 지혜가 필요해. 물론 주식 안에서도. 지역별 분산투자를 하는 이유도 포함되지."

"주식에 투자할 때도 분산투자를 해야겠군요. 주식 분산투자는 어떻게 해야 하나요?"

"지역별 분산 투자는 사실 기본적으로 해야 하고, 세 가지도 신경 써야 해."

아빠는 차근차근 설명하기 시작했다.

"첫째는 '산업(섹터) 분산'이야. 예를 들어, 네가 좋아하는 테슬라, 애플, 마이크로소프트는 모두 기술(IT) 산업에 속해 있어. 만약 기술 산업 전체에 안 좋은 소식이 생기면, 세 주식이 모두 함께 떨어질 위험이 크겠지? 그래서 여기에 성격이 전혀 다른 산업의 주식을 섞어주는 거야. 경기가 나빠져도 사람들이 꼭 써야 하는 전기나 가스 회사 주식, 혹은 코스트코(Costco) 같은 대형 마트 주식처럼 말이야. 이렇게 하면 시장이 흔들릴 때 서로 충격을 흡수해주며 포트폴리오를 더 안정적으로 만들 수 있단다."

"둘째는 '규모(사이즈) 분산'이야. 애플이나 마이크로소프트처럼 거대한 '대형주'와, 이제 막 성장하기 시작하는 작은 '중소형주'를 섞어서 투자하는 거지. 보통 경제가 겨울을 지나 막 봄에 접어드는 회복기에는, 몸집이 가벼운 중소형주들이 대형주보다 훨씬 더 폭발적으로 성장하는 경우가 많거든."

"셋째는 '스타일(가치주 vs 성장주) 분산'이란다. 이건 조금 어려운 개념인데, '현재 돈을 잘 버는 알짜 기업'과 '미래의 꿈을 먹고 자라는 유망주'를 섞는 거라고 생각하면 쉬워."

"좀 어려운데요?"

"하하, 그렇지? 예를 들어 테슬라나 아마존 같은 주식은 당장 버는 돈에 비해 주가가 아주 비싸게 평가받아. 하지만 투자자들은 '이 회사가 미래에 세상을 바꿀 거야!'라는 꿈과 성장에 투자하는 거지. 이런 주식을 '성장주'라고 불러. 반대로 워런 버핏 할아버지는 현재 가치에 비해 '억울하게' 싸게 거래되는 주식을 찾아 투자하셔. 이런 주식을 '가치주'라고 한단다. 시장 상황에 따라 성장주가 주목받는 시기가 있고, 가치주가 주목받는 시기가 있어서 둘을 섞어두면 더 안정적일 수 있어."

"너무 어려워요."

"괜찮아, 괜찮아. 처음에는 당연히 어렵지. 지금은 '아, 주식 안에서도 이렇게 다양하게 나눠 담는 방법이 있구나' 정도만 알아둬도 충분해. 가장 중요한 핵심은 이것 하나야. '내가 좋아하는 몇몇 주식에만 모든 돈을 몰아넣지 말라.' 이것만 기억해도 너는 이미 상위 10%의 현명한 투자자란다. 나머지는 네가 앞으로 직접 투자를 해보면서 천천히 공부하고 경험하면 자연스럽게 알게 될 거야."

아빠의 자세한 설명에 머릿속이 잠시 복잡해졌지만, 한 가지는 확실히 알았다. 투자의 세계에서 '분산'이라는 안전벨트는 아무리 강조해도 지나치지 않다는 것을.

개별 주식 선택의 어려움

"아빠, 그럼 이 모든 걸 다 고려해서 직접 주식을 골라야 하는 거예요? 분산투자, 너무 복잡하고 어려운 것 같아요."

아빠가 내 마음을 읽으셨는지, 환하게 웃으며 말씀하셨다.

"맞아. 개인이 이 모든 원칙을 지키면서 수십 개의 주식을 직접 고르고 관리하는 건 정말 어려운 일이야. 바로 그 어려움을 해결해 주기 위해 만들어진 것이 '펀드(Fund)'와 'ETF'란다."

"펀드와 ETF가 뭐예요?"

"'펀드'는 비유하자면 '전문가와 함께 떠나는 패키지여행' 같은 거야. 여행객(투자자)들이 돈을 모아 여행 전문가(펀드매니저)에게 맡기면, 전문가가 알아서 최고의 여행지(주식, 채권 등)를 선정하고

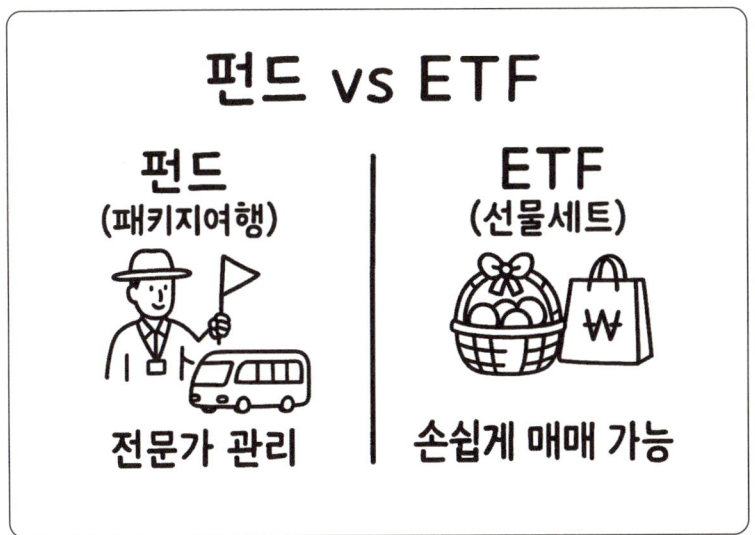

일정을 짜서 운용해주는 거지. 우리는 그저 전문가를 믿고 돈을 맡기기만 하면 되는 편리함이 있어."

"ETF(Exchange Traded Fund)'는 '백화점 식품 코너의 테마별 선물세트'라고 생각하면 쉬워. '미국 IT 대표 기업 세트', '한국 반도체 기업 세트'처럼 특정 테마에 맞는 주식들이 하나의 바구니에 미리 담겨 있는 상품이야. 가장 큰 특징은, 이 선물세트를 우리가 주식처럼 원할 때 언제든 실시간으로 사고팔 수 있다는 점이지. 펀드의 장점과 주식의 편리함을 합쳐놓은 셈이야."

나는 점점 이해가 되기 시작했다. 수많은 주식 중에서 내가 직접 하나하나 옥석을 가려내는 것도 의미 있지만, 처음 시작하는 초보자에게는 이미 전문가가 잘 꾸려놓았거나, 특정 테마로 잘 묶여 있어서 자연스럽게 분산투자가 되는 펀드나 ETF를 사는 것이 훨씬 더 안전하고 현명한 방법일 수 있겠구나 싶었다.

"그럼 몇 개 정도 사야 해요?"
"전문가들은 최소 20-30개 이상의 서로 다른 주식을 가지라고 해. 하지만 개인이 그렇게 많은 주식을 직접 관리하기는 어려워. 그래서 ETF가 좋은 선택이야."

펀드, ETF란?

"아빠, 아까 말씀하신 펀드와 ETF에 대해서 더 자세히 알고 싶어요."

"좋아. 먼저 '펀드'부터 자세히 설명해줄게. 펀드는 '많은 투자자의 돈을 한데 모아 전문가(펀드매니저)가 대신 투자해주는 금융 상품'이야. 마치 여러 사람이 돈을 모아 실력 좋은 셰프를 고용해서, 각자 혼자서는 맛보기 힘든 다양하고 멋진 요리들로 구성된 만찬을 함께 즐기는 것과 비슷하단다. 바로 아빠가 하는 일이란다. 하하."

"와, 그럼 저 혼자서는 사기 부담스러웠던 비싼 주식도 살 수 있고, 제가 잘 모르는 채권이나 해외 주식에도 투자할 수 있겠네요?"

"바로 그거야. 펀드의 가장 큰 장점은 '소액으로도 분산투자'가 가능하다는 점이지. 그리고 실력 있는 전문가가 시장 상황을 분석하고 대신 운용해주니, 내가 직접 모든 것을 공부하고 결정해야 하는 수고를 덜 수 있어. '전문가의 도움'을 받을 수 있다는 것도 큰 장점이야."

"그럼 단점은 없어요?"

"물론 아쉬운 점도 있지. 셰프에게 요리를 맡기는 대가로 돈을 지불해야 하듯, 펀드도 전문가가 운용해주는 대가로 '운용보수'라는 조금은 비싼 수수료를 내야 해. 그리고 펀드는 주식처럼 내가 원할 때 실시간으로 사고팔 수 없어. 오늘 팔겠다고 신청하면 보통 며칠 뒤의 기준 가격으로 거래가 체결되고, 그때 돈이 들어온단다."

액티브 펀드 vs 패시브 펀드

"펀드도 종류가 나뉘나요?"

"그럼. 운용 방식에 따라 크게 '액티브(Active) 펀드'와 '패시브(Passive) 펀드'로 나눌 수 있어."

"어떻게 다른데요?"

"'액티브 펀드'는 말 그대로 펀드매니저가 '적극적으로(active)' 시장을 분석하고, 앞으로 시장 평균보다 더 높은 수익을 낼 것 같은 주식을 직접 고르고 사고팔면서 운용하는 펀드야. 비유하자면, 자신만의 특별한 레시피와 기술로 최고의 요리를 만들어내려는 '스타 셰프'와 같지."

"'패시브 펀드'는 시장을 이기려고 애쓰는 대신, '수동적으로(passive)' 시장 전체의 움직임을 그대로 따라가는 것을 목표로 해. 예를 들어 'S&P 500 인덱스 펀드'는 S&P 500 지수에 포함된 500개 기업의 주식을 정해진 비율대로 모두 사서, 지수의 움직임과 거의 똑같이 움직이도록 만들어. 이건 마치 '최고의 맛이 보장된 황금 레시피'를 그대로 따라 요리하는 것과 같아."

"어느 쪽이 더 좋아요?"

"이게 바로 투자 업계의 가장 오래된 논쟁거리란다. 액티브 펀드는 잘 운용되면 시장 평균을 뛰어넘는 '초과 수익'을 낼 가능성이 있지만, 스타 셰프의 인건비가 비싸듯 운용보수가 비싸. 반면 패시브 펀드는 시장 평균만큼의 수익만 기대할 수 있지만, 정해진 규칙대로만 운용하니 보수가 아주 저렴하지."

아빠는 결정적인 통계를 이야기해주셨다.

"지난 10년, 20년의 긴 기록을 보면, 비싼 수수료를 받는 미국 액티브 펀드의 80~90%가 결국 S&P 500 지수의 평균 수익률을 이기지 못했어. 그래서 워런 버핏 같은 위대한 투자자들도 대부분의 일반 투자자들에게는, 시장을 이기려고 애쓰기보다 저렴한 수수료로 시장 전체의 성장에 올라탈 수 있는 'S&P 500 인덱스 펀드'에 꾸준히 투자하라고 조언하는 거란다."

ETF의 장점

"ETF는 펀드와 어떻게 달라요?"

"ETF(Exchange Traded Fund)'는 인덱스 펀드를 주식 시장에 상장시켜, 우리가 개별 주식을 사듯이 실시간으로 편리하게 사고팔 수 있도록 만든 상품이야. 펀드의 '분산투자' 장점과 주식의 '거래 편의성'이라는 장점만 쏙쏙 뽑아 합친, 아주 똑똑한 발명품이지."

"예를 들어, 'S&P 500 ETF' 한 주를 사면, 그 즉시 미국을 대표하는 500개 대기업에 동시에 투자하는 효과가 생기는 거야. 펀드처럼 여러 주식을 담고 있지만, 주식처럼 거래할 수 있다는 게 가장 큰 차이점이란다."

나는 고개를 끄덕였다. 펀드와 ETF의 차이가 아직 완벽하게 구분되지는 않았지만, 펀드는 '셰프(전문가)에게 맡기는 요리' 같고, ETF는 '정해진 구성대로 만들어진 요리 세트(인덱스)를 내가 원할 때 바로 사 먹는 것'과 비슷하다고 이해했다.

"그럼 ETF가 펀드보다 장점이 더 많은 것 같은데요?"

"요즘 많은 투자자가 그렇게 생각하기 때문에 ETF 시장이 폭발적으로 성장하고 있어. 아빠가 표로 간단하게 비교해줄게."

펀드 vs ETF, 무엇이 다를까?

구분	일반 펀드(주로 액티브)	ETF(주로 패시브/인덱스)
거래 방식	하루 한 번, 정해진 가격으로만 거래 가능함.	주식처럼 장중에 실시간으로 자유롭게 거래됨.
운용보수(비용)	펀드매니저의 인건비 등으로 인해 비싼 편(연 1~2% 이상)	정해진 규칙대로 운용하므로 매우 저렴(연 0.1% 내외)
투명성	어떤 종목을 담고 있는지 매일 알기 어려움.	어떤 종목을 몇 주나 담고 있는지 실시간으로 투명하게 공개됨.

"일반적인 액티브 펀드의 관리비는 연 1~2%인데, ETF는 0.1~0.5% 정도야. 장기투자에서는 '운용보수'의 차이가 어마어마

한 결과를 만들어낸단다. 예를 들어, 연 1.5% 보수의 펀드와 연 0.1% 보수의 ETF에 똑같이 투자했다고 해보자. 30년이 지나면, 이 보수 차이만으로도 최종 수익률이 수십 퍼센트나 벌어질 수 있어. 눈덩이를 굴릴 때, 옆에서 누군가 내 눈을 계속 떼어가는 것과 같지."

"ETF는 어떤가요?"

"ETF는 펀드와 비슷하지만 거래소에서 주식처럼 사고팔 수 있어. 그리고 대부분 특정 지수를 따라가도록 만들어져 있어. 예를 들어, S&P 500 ETF를 사면 미국 500대 기업에 한 번에 투자하는 효과가 있지."

나는 점점 이해가 되었다. ETF가 초보자에게는 더 좋을 것 같았다.

"ETF의 장점이 더 많은 것 같은데요?"

"그렇지. ETF는 관리비도 저렴하고, 투명하고, 언제든지 사고팔 수 있어. 그래서 요즘에는 ETF가 더 인기가 많아."

🔍 펀드 vs ETF

펀드와 ETF는 모두 여러 투자자의 돈을 모아서 분산투자하는 상품입니다. 하지만 몇 가지 차이점이 있습니다. 펀드는 하루에 한

번만 가격이 결정되고 펀드회사를 통해서만 사고팔 수 있지만, ETF는 거래소에서 주식처럼 실시간으로 거래됩니다. 또한 ETF는 일반적으로 관리비가 더 저렴하고, 어떤 주식들이 들어 있는지 매일 공개됩니다. 초보 투자자에게는 ETF가 더 적합한 경우가 많습니다.

장기투자 따라하기

그날 저녁, 나는 아빠와 함께 워런 버핏 할아버지에 대한 다큐멘터리를 봤다. 영상 속에서 그가 코카콜라 주식을 30년 넘게, 아메리칸 익스프레스(American Express) 주식을 거의 60년 가까이 보유하고 있다는 이야기를 들었을 때, 나는 놀라움을 금치 못했다.

"아빠, 워런 버핏 할아버지는 어떻게 한 주식을 수십 년 동안이나 가지고 계실 수 있어요? 중간에 팔고 싶을 때도 많았을 텐데요."

"그것이 바로 '장기투자'가 가진 힘의 본질이란다. 단기적으로 보면 주식 가격은 매일같이 오르내리며 우리 마음을 흔들지만, 아주 긴 시간을 놓고 보면 정말 훌륭한 회사의 가치는 꾸준히 성장하며 우상향하거든."

장기투자 철학

아빠는 워런 버핏의 가장 유명한 말을 인용하셨다.

"'우리가 가장 선호하는 보유 기간은 영원이다(Our favorite holding period is forever).' 버핏 할아버지의 이 말은, 내가 투자한 회사가 계속해서 훌륭한 경쟁력을 유지하고 성장한다면, 굳이 팔 이유 없이 평생 동업자처럼 함께 가겠다는 뜻이야."

"하지만 아무리 훌륭한 회사라도 시대가 변하면 어려워질 수도 있잖아요?"

"물론이지. 장기투자는 단순히 주식을 사놓고 무작정 잊어버리는 게 아니야. 동업자가 된 마음으로, 꾸준히 지켜보고 확인하는 과정이 필요하단다."

아빠는 코카콜라 장기투자의 성과에 대한 구체적인 수치를 들어주셨다.

"1988년에 버핏이 코카콜라에 투자한 금액은 13억 달러였어. 지금 그 가치는 250억 달러가 넘어. 거의 20배가 된 거야. 만약 중간에 팔았다면 이런 수익을 낼 수 없었을 거야."

 장기투자(Long-term Investment)

장기투자는 5년 이상, 보통 10년 이상의 긴 기간 동안 투자 자산을 보유하는 전략입니다. 단기적인 가격 변동에 흔들리지 않고 기업의 본질적 가치가 상승하기를 기다리는 것이죠. 워런 버핏이 "우리가 선호하는 보유 기간은 영원이다"라고 말한 것처럼, 정말 좋은 회사라면 평생 보유할 수도 있습니다. 장기투자의 가장 큰 장점은 복리 효과를 최대한 활용할 수 있다는 것입니다.

장기투자할 만한 주식은?

"그럼 어떤 주식을 그렇게 오랫동안 마음 편히 가져갈 수 있어요?"

아빠는 잠시 생각하시더니 대답하셨다.

"가장 기본적으로는, 10년, 20년 뒤의 미래에도 세상 사람들에게 반드시 필요할 것 같은 분야의 1등 기업들이야. 시대가 아무리 변해도 사람들은 계속 먹고, 마시고, 아프면 병원에 가고, 더 편리한 기술을 사용할 테니까."

"구체적으로 어떤 회사들이 있을까요?"

"예를 들어, 안정적인 기반이 되는 기술 분야에서는 애플, 마이크로소프트, 구글 같은 회사들을 들 수 있어. 이 회사들의 서비스나 제품은 이미 우리 생활에 너무나 깊숙이 들어와 있어서 다른 것으로 대체하기가 거의 불가능할 정도지. 필수 소비재 분야에서는 코카콜라(Coca-Cola)나 프록터 앤드 갬블(P&G)이, 헬스케어 분야에서는 존슨 앤드 존슨(Johnson & Johnson)이나 화이자(Pfizer)

같은 회사들이 수십 년간 1등 자리를 지켜왔단다."

나는 고개를 끄덕였다. 모두 우리 집에서도 매일같이 사용하거나 접하는 회사들이었다.

"그런데 아빠, 미래를 보고 투자한다면 AI나 전기차 같은 새로운 산업에 더 투자해야 하는 거 아니에요?"

"아주 좋은 질문이야. 하지만 새로운 기술 산업은 '높은 수익 기회'와 '높은 위험'을 동시에 가지고 있다는 걸 꼭 기억해야 해. 테슬라(Tesla)처럼 크게 성공해서 세상을 바꾸는 회사도 있지만, 대부분의 회사는 그 과정에서 조용히 사라지거든. 그래서 미래 혁신 산업에 투자할 때는, 내 전체 투자금의 일부만 가지고 신중하게 접근하는 것이 좋아."

아빠는 더 구체적으로 설명해주셨다.

"AI 분야만 봐도, 지금은 엔비디아(Nvidia)가 승승장구하고 있지만 그 뒤에서는 수많은 AI 스타트업들이 생겨나고 또 사라져 갔어. 전기차 시장 역시 테슬라가 시장을 열었지만, 수많은 후발 주자들이 여전히 힘겨운 생존 경쟁을 벌이고 있지. 새로운 기술 분야는 '승자독식'의 경향이 아주 강해서, 극소수의 1등만이 모든 과실을 차지하는 경우가 많단다. 그래서 더욱 신중한 접근이 필요해."

미래 산업에 대한 투자

"미래에는 어떤 산업이 유망할까요? 지금 투자할 때 당연히 미래를 보고 해야 하지 않을까요?"

"아주 중요한 질문이야. 미래를 이끌어갈 산업에 투자하는 것은 장기투자의 핵심이지. 하지만 동시에, 미래를 예측하는 것은 가장 어려운 일이기도 하단다. 오늘은 아빠가 생각하는 몇 가지 거대한 흐름에 대해 이야기해줄게."

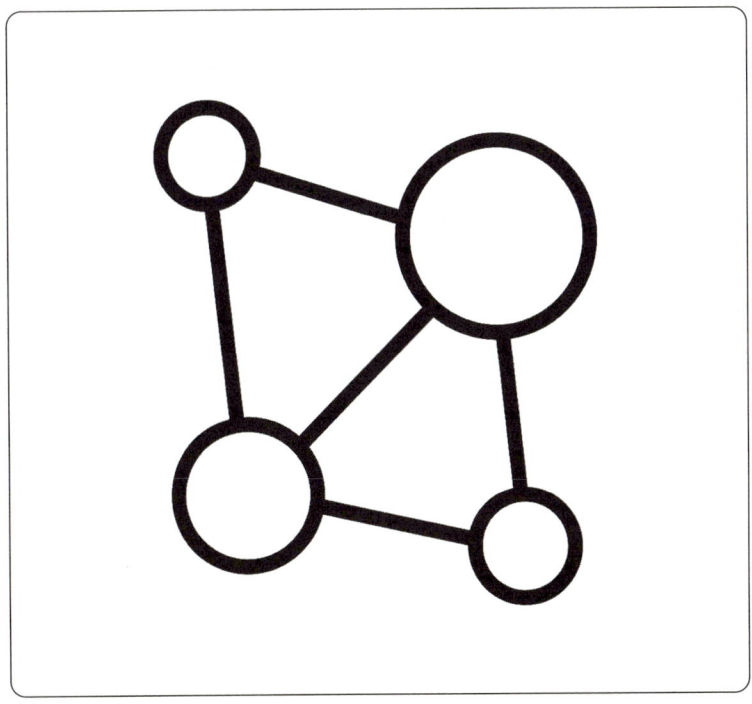

인공지능과 빅데이터

"현재 가장 주목받는 분야는 단연 '인공지능'이야. 챗 GPT(ChatGPT) 같은 서비스가 등장하면서, AI가 우리 삶을 얼마나 바꿀 수 있는지 모든 사람이 체감하게 됐지."

"AI 관련 주식에 투자하면 무조건 좋을까요?"

"가능성은 크지만, 바로 그 점 때문에 위험도 커. AI 기술은 아직도 빠르게 발전하는 단계라서 어떤 회사가 최종 승자가 될지 아무도 예측하기 어려워. 1990년대 말 '인터넷 붐' 때를 생각해봐. 모두가 인터넷이 미래라고 외쳤지만, 그때 반짝했던 수많은 회사가 지금은 사라졌어. 오히려 구글(Google)이나 아마존(Amazon)처럼 조금 늦게 나타난 회사들이 지금 시장을 지배하고 있잖아."

"그럼 AI 시대에는 어떻게 투자해야 해요?"

"직접 AI 기술을 개발하는 작은 스타트업에 투자하는 것도 방법이지만, 더 안정적인 방법은 이미 시장을 지배하고 있는 거대 기업들이 AI를 어떻게 활용하는지 지켜보는 거야. 마이크로소프트, 구글, 아마존 같은 회사들은 막대한 자본으로 AI 기술에 투자하면서, 자신들의 기존 사업을 더 강력하게 만들고 있거든."

전기차와 자율주행

"전기차 시장도 정말 빠르게 성장하고 있지. 테슬라(Tesla)가 그 혁신의 시작을 이끌었지만, 이제는 현대자동차를 비롯한 전 세계 모든 자동차 회사가 뛰어드는 거대한 전쟁터가 됐어. 경쟁이 치열해진다는 건, 투자자에게는 더 신중한 분석이 필요하다는 뜻이야."

"그럼 전기차 산업에는 어떻게 투자하는 게 좋아요?"

아빠는 전기차 산업의 복잡성을 설명해주셨다.

"전기차 산업은 단순히 자동차 회사만의 문제가 아니야. 배터리 회사, 충전 인프라 회사, 반도체 회사 등 여러 분야가 연관되어 있어."

"그럼 어디에 투자해야 해요?"

"배터리 기술이나 충전 인프라 같은 핵심 부품에 투자하는 것도 좋은 방법이야. 어떤 전기차 회사가 성공하든 이런 부품들은 필요하거든."

아빠는 흥미로운 사실을 알려주셨다.

"그리고 자율주행 기술도 주목해야 해. 미국뿐만 아니라 중국의 샤오미 같은 회사들도 자율주행을 개발하고 있어. 중국과 미국이 전기차에 이어서 자율주행 분야에서도 치열한 경쟁을 하고 있지."

재생에너지와 ESG

"기후 변화라는 인류의 거대한 숙제 때문에, '재생에너지' 역시 거스를 수 없는 미래의 흐름이야. 태양광, 풍력 같은 친환경 에너지 산업은 앞으로도 계속 성장할 수밖에 없지. 그리고 이런 흐름과 함께 'ESG'라는 개념도 아주 중요해졌어."

"ESG가 뭐예요?"

"'환경(Environmental)', '사회(Social)', '지배구조(Governance)'의 앞 글자를 딴 말이야. 요즘 똑똑한 투자자들은 단순히 돈만 잘 버는 회사가 아니라, 환경을 보호하고, 사회에 좋은 영향을 미치며, 경영을 투명하게 하는 '착한 기업'에 투자하려고 해. 장기적으로 볼 때, 이런 기업들이 더 지속 가능하고 안정적으로 성장할 거라고 믿기 때문이지."

바이오테크놀로지와 헬스케어

"전 세계적인 인구 고령화 추세와 함께, '헬스케어' 산업도 구조적으로 성장할 수밖에 없는 분야야. 특히 유전자 치료나 면역 항암제 같은 '바이오테크놀로지' 분야에서는 과거에는 상상도 못 했던 혁신적인 치료법들이 계속 나오고 있단다."

"코로나19 백신처럼요?"

"맞아. 코로나19 때 mRNA 백신 기술이 주목받았던 것처럼, 바이오 기술은 인류의 수명을 연장하고 삶의 질을 높이는 데 결정적인 역할을 할 거야. 하지만 꼭 기억해야 할 점은, 바이오 주식은 '꿈'을 먹고 자라기 때문에 변동성이 아주 크다는 거야. 신약 개발을 위한 임상시험 결과 하나에 주가가 하루아침에 반 토막이 날 수도 있어. 그래서 반드시 공부를 많이 해야 하고, 초보 때는 잃어도 괜찮은 적은 돈으로만 투자해야 한단다."

🔍 ESG 투자(Environmental, Social, Governance)

ESG 투자는 재무적 수익뿐만 아니라 환경(E), 사회(S), 지배구조 (G) 요소를 종합적으로 고려하는 투자 방식입니다. 환경 친화적 경영, 사회적 책임, 투명한 지배구조를 갖춘 기업에 투자하는 것 입니다. 최근 젊은 세대를 중심으로 관심이 높아지고 있으며, 장 기적으로 지속가능한 성장을 추구하는 기업들이 더 좋은 투자 성 과를 낼 것으로 예상됩니다.

경제적 해자와 브랜드 파워

"아빠, 그럼 어떤 회사가 오래 성공할 수 있는지 어떻게 알 수 있어요?"

"좋은 질문이야. 워런 버핏이 자주 쓰는 개념 중에 '경제적 해 자'라는 게 있어."

"경제적 해자요?"

"옛날 성에는 적의 침입을 막기 위해 성 주위에 물을 채운 해자 가 있었잖아. 경제적 해자는 회사가 경쟁자들로부터 자신을 보호 할 수 있는 경쟁 우위를 말해."

구체적인 예시를 들어주셨다.

"코카콜라의 경제적 해자는 브랜드야. 전 세계 어디서나 코카콜라를 알고 있고, 다른 콜라와 구별해서 찾잖아. 이런 브랜드 파워는 하루아침에 만들어지지 않아."

"다른 예도 있어요?"

"애플의 경우는 생태계야. 아이폰, 아이패드, 맥북이 모두 연결되어 있어서 한 번 애플 제품을 쓰기 시작하면 다른 브랜드로 바꾸기 어려워. 마이크로소프트는 네트워크 효과가 있어. 모든 사람이 윈도우와 오피스를 쓰니까 다른 걸 쓰기 어렵지."

> ### 🔍 경제적 해자(Economic Moat)
>
> 경제적 해자는 워런 버핏이 즐겨 사용하는 개념으로, 회사가 경쟁자들로부터 자신의 시장 지위를 보호할 수 있는 지속 가능한 경쟁 우위를 의미합니다. 주요 유형으로는 1) 브랜드 파워, 2) 네트워크 효과, 3) 전환 비용, 4) 규모의 경제, 5) 특허나 라이선스 등이 있습니다. 경제적 해자가 넓고 깊을수록 회사는 오랫동안 높은 수익성을 유지할 수 있습니다.

전략적 장기 투자

"지우야, 혹시 'JP모건체이스(JP Morgan Chase)'라는 회사 이름 들어봤어?"

"미국에서 가장 큰 은행이잖아요."

"맞아. 우리 지우, 똑똑하네. 최근에 JP에서 아주 중요한 발표를 하나 했단다."

"그게 어떤 건데요? 투자와 관련이 있나요?"

"그럼, 그럼. JP가 앞으로 미국이 전략적으로 키워야 할 산업을 발표했고, 그 분야에 엄청난 투자를 하기로 한 거야."

"얼마나요?"

"무려 1.5트릴리언 달러(Trillion Dollar), 한국 돈으로 거의 2,000조 원이나 되는 돈이지."

"뭐라고요?"

"엄청나지? 물론 회사 자금도 있지만, 다른 파트너들과 함께 투자하기로 한 거야. 어디에 투자하기로 했는지 궁금하지 않아?"

"궁금해요! 어떤 투자길래 그렇게 큰돈을 투자하죠?"

"그 전에 JP가 어떤 회사인지 먼저 알아야겠구나."

"JP는 존 피어폰트 모건(John Pierpont Morgan, 1837~1913)이라는 사람이 1861년에 만든 회사야. 처음에는 무기 거래로 돈을 벌었지만, 이후 철도 회사로 사업을 확장했고, 에디슨과 함께 GE라는 다국적 기업을 세우는 데에도 큰 역할을 했지. 미국 최대 통신사 AT&T도 JP 없이는 지금의 모습으로 성장하기 어려웠을 거야."

"그럼 지금은 은행이지만, 예전에는 큰 회사들을 만들어 키웠다는 거네요."

"맞아. JP는 1800년대 후반부터 1900년대 초중반까지 미국 제조업 성공의 주역이었어. 그리고 한 가지 더. 미국이 1929년부터 1941년까지 대공황(The Great Depression)을 겪을 때는 무너진 은행들을 사들여 시장 안정에 기여하기도 했단다. 그때는 아직 연방준비제도(Fed)가 없었거든."

"그럼 거의 미국의 핵심 기업 아닌가요?"

"이제 알겠지? JP가 투자하려는 산업의 중요성을. 앞으로 미국이 나아갈 전략적 방향을 제시한 셈이야. JP는 최근 4가지 분야와 27개 세부 산업군에 투자하겠다고 발표했어."

"그게 뭔데요? 너무 기대돼요!"

"첫째, 공급망과 첨단 제조(Supply Chain & Advanced Manufacturing) 분야야.
반도체 장비와 로봇 등이 여기에 포함되지."

'둘째, 국방과 항공우주(Defense & Aerospace) 분야로, 국방력 강화와 우주 산업 발전을 위한 투자가 이뤄질 거야."

"셋째, 에너지 자립 및 회복력(Energy Independence & Resilience) 분야야. 여기에는 배터리와 전기 관련 산업이 속해. 마지막으로 첨단 전략기술(Frontier & Strategic Technologies)인데, 인공지능(AI)과 반도체 같은 미래 핵심 기술이 중심이야."

"JP가 옛날에 미국 제조업의 기반을 만들었던 걸 보면, 이번 산업들도 앞으로의 미국을 이끌겠네요."

"맞아. 그래서 우리도 이런 분야에 장기적인 관점으로 투자할 필요가 있어. 각 산업별 1등 기업들을 골라서 20~30년 정도 장기 투자한다면, 지우가 아빠 나이가 될 때쯤에는 정말 놀라운 수익을 얻게 될지도 몰라."

〈JP모건체이스 전략적 분야와 세부 산업 투자 계획〉

전략적 분야	세부 내용
공급망 및 첨단 제조(Supply Chain and Advanced Manufacturing)	첨단소재, 화학소재, 반도체 장비, 희토류, 산업 제조 솔루션, 데이터 센터, 조선, 로봇
국방 및 항공우주(Defense & Aerospace)	군지휘통제시스템, 방산 부품제조, 드론, 미사일방어체계, 통신보안
에너지 자립 및 회복력(Energy Independence & Resilience)	에너지저장배터리, 태양광, 차세대소형 모듈원전, 송전망 안정화 전력회사
첨단 전략 기술(Frontier & Strategic Technologies)	사이버보안, 양자컴퓨터, AI플랫폼, 반도체, AI서버, 센서

투자의 심리학

마지막으로, 아빠는 투자에서 가장 중요한 것은 다름 아닌 '심리 관리'라고 강조하셨다.

"투자에서 가장 어려운 건 복잡한 기술적 분석이 아니야. 바로 내 마음속에서 요동치는 자신의 감정을 조절하는 것이지."

"어떤 감정을요?"

"앞서 얘기한 '욕심'과 '공포'야. 주가가 오르면 '더 오를 거야!' 하는 욕심에 흥분해서 따라 사고 싶어지고, 반대로 주가가 떨어지면 '다 잃을 거야!' 하는 공포에 질려 다 팔아버리고 싶어지지. 하지만 이런 감정에 휘둘리는 순간, 투자는 실패하게 된단다."

아빠는 '욕심'의 함정부터 설명해주셨다.

"2000년대 초 '닷컴 버블' 때를 생각해보렴. 당시 모든 사람이 인터넷 기술주에 열광했어. 주가가 매일같이 오르니, 사람들은 '이번에는 다르다'며 욕심을 냈고 너도나도 빚을 내서 투자했지. 하지만 결국 거품이 터지면서 수많은 사람이 평생 모은 돈을 잃었단다. 이런 욕심을 다스리려면, 미리 세워둔 '원칙'을 기계처럼 지켜야 해. 예를 들어, '아무리 좋은 주식이라도 내 전체 자산의 20% 이상은 투자하지 않는다'처럼 자신만의 규칙을 정하고, 주가가 많이 올라 특정 자산의 비중이 너무 커지면 일부를 팔아 이익을 실현하는 '리밸런싱(Rebalancing)'을 해주는 습관이 중요해."

"반대로 '공포'의 함정도 무섭지. 2020년 코로나 팬데믹 초기, 주식 시장이 한 달 만에 30% 이상 폭락했을 때를 생각해봐. 수많은 사람이 공포에 질려 가지고 있던 좋은 주식들을 헐값에 팔아버렸어. 하지만 바로 그때, 두려움을 이겨내고 원칙대로 꾸준히 주식을 사 모았던 사람들은 그 이후 엄청난 수익을 얻었지."

"저라도 너무 무서워서 팔았을 것 같아요."

"당연해. 그게 인간의 본능인걸. 하지만 그럴 때일수록 '장기적인 관점'을 기억해야 해. 역사적으로 보면 주식 시장은 수많은 위기를 겪었지만, 결국에는 언제나 회복하고 더 높이 성장해왔단다. S&P 500 지수의 장기 그래프를 보면 1929년 대공황부터 2020년 코로나 팬데믹까지, 끔찍한 위기들이 있었지만 결국 시장은 모든 상처를 회복하고 언제나 새로운 고점을 만들어냈어. 좋은 기업들의 가치는 결국 성장한다는 믿음이 있다면, 공포를 이겨낼 수 있단다."

"그럼 그런 감정들을 조절하려면 구체적으로 어떻게 해야 해요?"

"몇 가지 좋은 훈련 방법이 있어. 첫째, 자신만의 투자 계획을 명확히 세우고 어떤 상황에서도 그것을 따르는 거야. 감정이 흔들릴 때 나를 붙잡아주는 '닻'이 되어줄 거야. 둘째, '투자 일기'를 써서 자신의 결정과 그때의 감정을 기록해보는 거란다. '내가 왜 이 주식을 샀지?', '주가가 떨어지니 어떤 기분이 들지?' 같은 것들을 솔직하게 써보는 거지. 나중에 다시 읽어보면, 감정에 휩쓸리는 자기 자신의 패턴을 객관적으로 파악하고 고칠 수 있어. 셋째, 뉴스와 거리를 두는 연습을 해야 해. 매일 쏟아지는 자극적인 시장 뉴스에 일희일비하다 보면 이성적인 판단을 하기가 거의 불가능해. 매일 시세를 확인하는 대신, 한 달에 한 번, 혹은 분기에 한 번씩만 포트폴리오를 점검하는 습관을 들이는 게 좋아."

두 딸이 큰 꿈을 안고 미국으로 간 지도 적지 않은 시간이 흘렀다.

좋은 기숙학교 환경을 보며 안심은 되었지만, 15년을 품에 안고 키운 자식들과의 이별은 우리 부부에게 결코 쉬운 일은 아니었다.

금쪽같은 자식이 부모의 품을 떠나 진정한 독립을 이루길 바라며 내린 결정이었기에, 지금은 뿌듯한 마음이 더 드는 것도 사실이다.

더 나은 교육의 기회를 제공하는 것이 부모와 조부모가 해줄 수 있는 일 중에 하나인 것은 맞지만, 우리 부부가 오랜 기간 각자의 커리어로 쌓아온 무기를 물려줄 수 있다면 그것이 자식들이 살아갈 미래의 더 큰 기반이 될 수 있음을, 아이들이 없는 시간을 보내며 어렴풋이 깨닫게 되었다.

그리고 이 책을 지우와 함께 쓰면서 그 예상은 확신으로 바뀌었다.

지우의 아빠인 동시에 '시장'에서 나름 알려진 펀드매니저로서 내가 가진 기술과 인사이트를 자식에게 물려주고 싶은 마음은 굴뚝같다.

어찌 보면 투자의 세계는 결과 중심으로 돌아가는 것 같지만,

올림픽처럼 시간이 정해진 승부가 아니라 하루하루 이어지는 끊임없는 경쟁의 연속이기에 '무엇을'보다 '어떻게'가 훨씬 중요한 영역이다.

그래서 아마추어는 오늘 무엇을 살까 고민하지만, 프로는 어제와 달라진 환경을 고민하고 그 결과를 다양하게 열어둔다.

지금 내리는 결정이 순간의 판단인 것 같아도, 머릿속 깊이 새겨진 투자의 철학과 시장을 대하는 태도, 그리고 매매의 습관이 어우러져 나오는 결정임을 깨닫게 되면, 투자를 생각하는 매 순간 자연스럽게 최선을 다해 집중하게 된다.

그렇지 않으면 오늘의 좋은 결과는 내일 사라지고 만다.

이러한 관점에서 보면, 단순히 거시경제 분석을 잘한다고 해서 시장을 이해한다고 볼 수 없고, 최근 상승한 종목을 맞혔다고 해서 시장에 잘 대응했다고 말하기도 어렵다.

오랜 기간 꾸준히 연마하고 고민하며 넓은 시야를 확보하고 다양한 대응책을 갖추어야 한다.

그렇기 때문에 단순히 '경제'를 이해하는 차원에서 접근하는 것은 지엽적인 방법이며, '투자대회'에 나가 입상하는 것은 자칫 경솔한 태도를 가지기 쉬운 위험한 방식일 수도 있다고 생각했다.

그보다는 직업으로 삼지 않더라도 평생 이어질지도 모르는 '투자'라는 영역에 대해 오랫동안, 그리고 다양한 각도에서 생각하고 차분하게 접근하는 태도를 함양하는 기회를 갖는 것이 더 중요하다고 느꼈다.

그래서 나는 그 기회의 씨앗을 2025년 여름, 지우에게 심었다. 그 씨앗이 20년, 30년 후 만개하기를 바라면서.

워런 버핏이 65세가 넘어서 부의 대부분을 이룬 것은 수학적으로 보면 복리의 효과이겠지만, 나는 그때 그의 씨앗이 비로소 만개했다고 생각한다.

투자만큼 습관이 중요한 영역이 없고, 접근하는 자세가 중요한 분야도 없다고 다시 한 번 강조하고 싶다.

실수를 조금 덜하는 것, 욕심을 조금 덜어내는 것이야말로 가장 어렵다.

지우에게, 나와 함께 쓴 이 책의 여정이 진정한 독립의 씨앗이 되길 바라며 글을 마친다.

2025년 가을
펀드매니저 아빠 황호봉 씀

17살 딸의 눈높이에서 말하는 평생 자산 로드맵

펀드매니저 아빠의 첫 투자 수업

1판 1쇄 인쇄 2025년 12월 5일
1판 1쇄 발행 2025년 12월 10일

지은이 황지우, 황호봉

펴낸이 이윤규
펴낸곳 유아이북스
출판등록 2012년 4월 2일
주소 서울시 용산구 효창원로 64길 6
전화 (02) 704-2521
팩스 (02) 715-3536
이메일 uibooks@uibooks.co.kr

ISBN 979-11-6322-182-1 03320
값 16,800원